AF193418

ELOGIO ESPIRITUAL DE LA
BÚSQUEDA

JOSE CHAMORRO

Elogio espiritual de la
BÚSQUEDA

Prólogo de Vicente Merlo

SAN PABLO

© SAN PABLO 2025
 Protasio Gómez, 11-15. 28027 Madrid
 Tel. 917 425 113
 secretaria.edit@sanpablo.es - www.sanpablo.es
© José Chamorro García, 2025

Distribución: SAN PABLO. División Comercial
Resina, 1. 28021 Madrid
Tel. 917 987 375
ventas@sanpablo.es
ISBN: 978-84-285-7386-3
Depósito legal: M. 13.346-2025
Impreso en LiberDigital
Printed in Spain. Impreso en España

A Alfonso Fernández Herrería,
que alentó y ensanchó mi búsqueda
por los mundos de la consciencia.

*Lo que tan afanosamente
estábamos buscando
ya se encuentra,
si abrimos bien los ojos,
presente aquí.*

ALAN WATTS

*Ya estamos encontrados.
Porque no somos los buscadores,
sino los buscados.*

WILLIGIS JÄGER

*Aprendemos yendo
a donde tenemos que ir.*

THEODORE ROETHKE

Prólogo

¡Cuántas cosas importantes y valiosas pueden decirse y compartirse en más de un centenar de páginas! Esto es lo que consigue Jose Chamorro en este bello libro cuyo título *Elogio espiritual de la búsqueda* resulta muy adecuado, pues no es solo un «elogio de la búsqueda espiritual» –como algunos podrían tender a leer–, sino que apunta que todo buscador, se halle en la etapa del camino en la que se halle, incluso si todavía no es consciente del alcance espiritual de su «deseo», estaría movido por aquel «anhelo» que le lleva a lo Trascendente, aunque sea a través de lo inmanente, pues también Aquello, lo Sagrado, está en esto, como su corazón mismo.

Tras la lectura de esta obra nos será difícil contemplar las etapas de la Gran Búsqueda con otros términos que no correspondan a estos siete arquetipos desplegados por el autor. Efectivamente: *el turista* y *el aventurero,* las dos primeras etapas o actitudes de nuestro recorrido, miran todavía fundamentalmente hacia el exterior, cual adolescente en busca de emociones, de distracciones, movido por la curiosidad, aunque el segundo de ellos añada la necesidad de «generar cierta dosis de adrenalina que produzca felicidad».

Con *el explorador, el peregrino* y *el discípulo* comienza a mirarse cada vez más al interior, pues se despierta «el olfato espiritual». Con el peregrino, «lo sagrado comienza a estar al descubierto», y con el discípulo –de la Sabiduría y la Santidad–, la peregrinación es ya decididamente interior y comienza a percibirse la presencia amorosa que nos atrae, para finalmente descubrir que nos constituye.

Pero, es con *el maestro* y con *el sabio-santo* cuando la Búsqueda se torna Encuentro, cuando la apertura se torna verdadero Despertar y la Gracia comienza a hacerse presente. Esa identificación entre el sabio (oriental) y el santo (occidental), o si se quiere, el uso de esos *equivalentes homeomórficos,* por decirlo con este término de R. Panikkar, a quien se refiere el autor, nos invita a reconocer el amplio abanico de autores oportunamente citados por Jose Chamorro, con quienes nos sentimos muy bien acompañados, representando tanto la sabiduría oriental –J. Krishnamurti, Chögyam Trungpa, Gandhi,

Confucio, Lao Tsé, Thich Nhat Hanh, por citar algunos–, como la santidad occidental –san Juan de la Cruz, Ángela de Foligno, Maestro Eckhart, Angelus Silesius, Juliana de Norwich, etc.–, tanto en clásicos del pasado, como acabamos de ver, como en pensadores y místicos contemporáneos, pertenecientes a lo que podríamos llamar una *espiritualidad transreligiosa* (K. Wilber, Byung-Chul Han o S. Grof, por citar algunos).

Diríamos que el arquetipo del monje, acariciado por el autor, sobrevuela estas páginas, guiado desde arriba, como su octava superior, por esa «plenitud desbordada y desbordante de lo humano» de la que uno de los mejores símbolos sigue siendo Cristo.

Querido lector, deseo que puedas saborear la riqueza intercultural y la profundidad espiritual que estas páginas rezuman. Incluso, por qué no decirlo, que te sirvan de guía y de brújula para orientarte en este fascinante camino que, en cuanto humanos, compartimos. Agradecer, también a Jose Chamorro que nos haya brindado esta deliciosa lectura impregnada de su experiencia y su saber.

Vicente Merlo,
Barcelona, 8 de agosto de 2024

Introducción

Nacemos con un deseo de infinito, de más allá, porque lo que hay más próximo a nosotros, en las mil distracciones con las que nos dispersamos, nunca lo sacia, sino que pone aún más al descubierto este anhelo. Este deseo-raíz, que responde a una inquietud muy profunda, se corresponde, en palabras de C. G. Jung, con la estructura arquetípica del amor.

El corazón del ser humano, hecho a imagen de Dios según el relato judeocristiano, posee un anhelo de plenitud que requiere que sea concientizado, esto es, cada uno debe darse cuenta de ello y atenderlo amablemente, sin sucedáneos, sin soterrarlo, haciéndolo consciente para que pueda tornarse en búsqueda, en viaje interior, en una verdadera travesía psicoespiritual. No hay que olvidar que esta aspiración del alma busca, ante todo, su realización y, aunque lo maquillemos con palabras como *plenitud* o *felicidad,* nunca alcanzará su completud a menos que le procuremos la atención amable y amorosa que requiere. Adorar a esos otros diosecillos exclusivamente, como pueden ser la comida, la bebida, el éxito profesional, el prestigio, el sexo..., solo será un modo de suplir lo esencial mientras, sin darnos cuenta, nos amarra acallando la insatisfacción que no queremos ni reconocer, ni asumir, ni tan siquiera acompañar.

Este ensayo versa justamente sobre esta búsqueda, sobre el camino espiritual y sus diferentes ciclos. Si bien de fondo resuenan las diferentes etapas clásicas del proceso místico de las que ya habló en el siglo VI Pseudo-Dionisio Areopagita –purgativa, iluminativa y unitiva–, hemos querido echar mano de otras fórmulas, imágenes e ideas que ayuden a comprender el trayecto de otro modo como son las del turista, el aventurero, el explorador, el peregrino, el discípulo, el maestro y el santo-sabio. Cada una de ellas representa momentos del proceso que conllevan un modo de vivir, una manera de mirar al mundo y una forma de preguntarse al respecto. Este cuestionarse, como se verá en las tres partes que organizan los distintos capítulos, puede entenderse como tarea, oficio o arte, según la profundidad y finalidad de las preguntas a lo largo de cada momento del camino. Tres formas de preguntar que bien pueden tener su resonancia con la triple transformación del yoga integral de Sri Aurobindo cuando se refiere a la transformación anímica, la espiritual y la supramental[1].

Las citadas etapas o estados se suceden a veces como en una progresión ascendente, pero normalmente se suelen solapar hasta alcanzar la etapa o nivel que supone un desarrollo mayor y, por tanto, una vida transformada en clave humano-espiritual.

Decía el poeta y filósofo indio Kabir:

¿Tienes un cuerpo? ¡No te quedes sentado!
¡Sal y camina bajo la lluvia!
Si estás enamorado,
¿por qué entonces estás dormido?
¡Despierta! ¡Despierta!
Has dormido millones y millones de años.
¿Por qué no despertar esta misma mañana?

Se trata, justamente de esto, de darse cuenta, de despertar, de reconocer lo que aparentemente nos falta para salir en su busca y terminar por descubrir lo paradójico del asunto, esto es, que realmente nada faltaba, que todo estaba ya presente, que el viaje era necesario para regresar a la Ítaca del alma, ya transformado en otra persona.

---

[1] Cf V. MERLO, *Espiritualidad transreligiosa,* La Llave, Barcelona 2017, 266-271.

El recorrido que propongo pasa por reconocer, en primer lugar, el miedo que uno siente a estar consigo mismo. Para ello echamos mano de lo que Pascal denominó *divertissement* y que podemos traducir por «diversión» y «dispersión sistemática». Andar en «los afueras» de la vida nos saca de nosotros mismos desconectándonos. El camino pasa justamente por regresar hasta donde estamos, mirar de frente el deseo de escaparnos y nombrar el modo en que huimos de nosotros. Este es, sin lugar a dudas, el requisito imprescindible, si se quiere avanzar por esa Vida que es más que la vida desde la que rutinariamente vivimos más sonámbulos que despiertos.

En segundo lugar, se hace indispensable darnos cuenta de las preguntas que nos hacemos a nosotros mismos, pues ahí podremos descubrir cuáles son nuestros intereses, así como reconocer la calidad de las propias preguntas. Si de verdad queremos encontrar respuestas que colmen ese anhelo al que apuntábamos, estaría bien que comenzáramos a formularnos mejores preguntas. La dinámica de la búsqueda espiritual precisa de buenos interrogantes que conquisten nuestra atención y orienten nuestra voluntad en la mayoría del camino, como se irá viendo.

Este breve ensayo intenta entrenar al viajero, con profundidad y sencillez, en el arte de saber preguntarse, por lo que las cuestiones atravesarán los distintos capítulos/etapas que se irán exponiendo junto a la propuesta que hago desde este momento y que tiene que ver con ralentizar la vida, con buscar tiempos de mesura y sosiego desde los que poder rumiar las preguntas para que estas ayuden a una mayor interiorización. No podemos caer en el error de confundir que el viaje interior tiene que ver exclusivamente con pensar y reflexionar superficialmente sobre el mismo, pues, de ser así, fácilmente se confundiría el mapa con el territorio. Por esto mismo se procurará invitar a que la lectura se torne en experiencia concreta que facilite esa otra comprensión que va más allá del mero entendimiento.

Decíamos al inicio que sobre este viaje hay mucho escrito. Uno de los primeros símbolos lo hallamos en la escala de Jacob, tema recurrente en la ascesis monástica y que incluso se empleó antes para hablar de la ascensión del alma a Dios, así como del progreso de la vida espiritual. Además, como comenté al inicio, en relación a las tres etapas clásicas de la mística cristiana, también podríamos citar los siete modos de amor de Beatriz de Nazaret, las Moradas de santa Teresa de Ávila, los distintos Valles de los que habla Farid ud-Din Attar, los siete modos en que Dios viene al alma de Ángela de Foligno, los siete grados del amor espiritual de Ruusbroec, el acorde séptuple del ser de Sri Aurobindo o la Montaña de los Siete Círculos de Thomas Merton, para referirnos a este Viaje que todo buscador emprende. Sin duda habrá que orientarse, tomar conciencia e ir integrando lo vivido para lograr la unificación de la conciencia que bien podríamos llamar *yo verdadero* o, más bien, *yo último* –en palabras de Thomas Keating–, *visión beatífica* o *conciencia de unidad* que termine por conducirnos hasta la deificación *(théosis)*.

No quisiera finalizar esta introducción sin resaltar que el proceso no es meramente lineal ni sigue un orden cronológico, sino que, en la mayoría de los casos, las distintas etapas se superponen, coexisten, irrumpen de nuevo tras haberlas atravesado y, seguramente, ni tan siquiera todo el mundo pasa por las mismas etapas. Hay tantos viajes como viajeros.

Deseo que esta lectura sea un buen elogio espiritual de la búsqueda que se torne en verdadero viaje, pues este es el único y auténtico sentido de lo que aquí se expone.

Finalmente, quisiera inaugurar esta travesía con las bellas palabras del anteriormente citado Attar:

Ahora que os habéis reunido en el crepúsculo y la inmensa planicie de la noche cubre el cielo, tiemblan las estrellas y la crústula de la luz se extingue sobre la irregular silueta de la tierra esmaltada. Escuchad con atención: a punto está de comenzar vuestro viaje en la oscuridad[2].

JOSE CHAMORRO,
en la Abadía de San Salvador de Leyre
a 2 de enero de 2025

---

[2] FARID UD-DIN ATTAR, *La conferencia de los pájaros,* Gaia, Madrid 2002, 71.

LA TAREA DE PREGUNTARSE

CAPÍTULO 1

El turista

Toda búsqueda comienza siempre con algún tipo de viaje. Normalmente suele ser a algún lugar desconocido y, en otros casos, a alguno al que se desea volver a visitar. Con frecuencia organizamos salidas que pretenden, cuanto menos, dar respuesta a alguna curiosidad o simplemente sacarnos de la rutina. Esta segunda opción suele ser más interesante de lo que parece ya que pone de manifiesto que uno se está dando cuenta del modo en el que está viviendo y que está descontento con él. Lo que sucede es que, en este primer nivel, en esta primera forma de buscar, se confunde con demasiada facilidad lo que uno necesita con aquello otro con lo que se distrae. Pero es necesario este primer paso para que acontezca algo fundamental: la separación. Poner distancia con la comodidad anodina y simple que genera la rutina y mirar más allá de lo propio con cierto interés.

Podríamos identificar esta etapa con la vida adolescente, tan ávida de experiencias, de vivacidad, de falta de compromiso. Uno se desplaza al lugar, ve lo que busca y gusta, captura infinidad de instantáneas para dar cuenta de donde estuvo y regresa con la creencia de haber estado allí. La confusión es total.

Obviamente no es un momento que se relacione solo con esa etapa de la vida, sino que tiene lugar en muchos otros del periplo vital, de hecho, ocurre cada vez que vamos por la vida consumiendo lugares, personas, información, hitos o kilómetros. El turista tiene mucho de depredador, consumista compulsivo, que contrata un guía para atiborrarse de datos que sacien la curiosidad del momento, aunque minutos después apenas recuerde nada.

En esta primera actitud de búsqueda voy a tocar tres aspectos que me parecen muy interesantes para que cada uno pueda dilucidar dónde se encuentra. El peligro aquí radica en convertir la excepcionalidad del viaje en rutina del periodo vacacional pertinente y que entonces suceda lo que Dag Hammarskjöld dice en estas hermosas letras en las que comienza hablando de la muerte de Dios: «Dios no muere el día en que ya no creemos en un dios personal, pero nosotros morimos el día en que la vida ya no es transfigurada por la luz del milagro sin cesar renovado cuya fuente está más allá de toda razón»[1]. El buen turista, a pesar de tener una actitud consumista respecto a los lugares que visita, no puede perder la ilusión que prende ante lo nuevo.

Primeros pasos

¿Qué es lo que te mueve para salir fuera? ¿Qué te saca de tu zona de confort? ¿Debes viajar, quieres hacerlo o tal vez lo necesitas?
Podrían ser estas cuestiones las primeras que uno se formulara para identificar con claridad la motivación que nos lleva a emprender el viaje. Quizá la respuesta que se pueda dar tenga que ver con el reconocimiento de una insatisfacción de fondo, como si la vida pesara o tuviera carencia de algo. Obviamente no es la vida, sino que es uno mismo el que está atravesando algún tipo de desierto interior.

Confiemos en que verdaderamente la razón de fondo tiene que ver con ese descontento, con vislumbrar algo de lo que Marcuse afirmaba cuando dijo que «la mayor parte de la actual

---

[1] D. Hammarskjöld, *Marcas en el camino,* Trotta, Madrid 2009, 76.

tendencia a relajarse, a divertirse, a comportarse y consumir de acuerdo con los dictados de la publicidad, a amar y odiar lo que los demás aman y odian, pertenece a la categoría de las falsas necesidades». Quizá todo ello sea consecuencia de una falsa creencia que hemos asumido como verdad y, por ende, nos deja más vacíos de lo que ni alcanzamos a imaginar.

El monje, y diría que también profeta, Thomas Merton, ya por la década de los años sesenta, reconocía que «nuestra sociedad hace que las personas necesiten cosas y que las necesiten tan ávidamente que dejan todo de lado en aras de la satisfacción de dichas necesidades. Son en su mayor parte necesidades de ciertos tipos de bienes de consumo»[2]. Se hace del todo sorprendente que, más de medio siglo después, no hayamos aprendido nada, sino que, más bien al contrario, la compulsión a consumir sigue en aumento al igual que el vacío que no se termina de llenar porque la propia insatisfacción está derivando en toda suerte de trastornos ansiosos y depresivos. Se hace del todo paradójico que nuestra llamada *sociedad del bienestar* no haya conseguido aún, ni tan siquiera, atenuar dicha ansiedad.

---

[2] T. MERTON, *Los manantiales de la contemplación*, Sal Terrae, Santander 2019, 183.

Advertir, en estos primeros pasos, que nos falta algo es realmente comenzar el camino de búsqueda hacia aquello que pueda saciar la sed de fondo. La actitud del turista es una posible respuesta que puede ser útil en tanto que nos saca de la rutina y aporta algo nuevo a la vida, pues todo viaje implica una apertura de miras respecto a muchos aspectos culturales y espirituales. Tal vez, por qué no, pueda darse un descubrimiento a un nivel más profundo, más allá del lugar concreto que se pretendía conocer, «un deseo activo surgido del amor que debe reinar mucho tiempo en el corazón antes de vencer todos los obstáculos; debe obrar con fuerza y vigilancia y crecer audazmente»[3], como bien reconoció Beatriz de Nazaret, mística cortés del siglo XIII.

Pero indicaba, y quisiera incidir en ello porque me parece un paso fundamental, que es necesario reconocer ese vacío de fondo que albergamos, y para ello toca detener la marcha frenética que nos saca de nosotros mismos robándonos la atención. Estaría bien darnos cuenta de las perversiones del sistema económico que hemos construido para facilitarnos la vida y que, sin embargo, conlleva un coste

---

[3] B. DE NAZARET, *Los siete modos de amor,* José J. de Olañeta, Palma de Mallorca 2004, 35.

deshumanizador y devastador que no solo nos hace más exigentes ante todo, sino que no nos permite disfrutar de lo que ya tenemos, además de hacernos más intolerantes a la frustración. De ahí la inmediatez que caracteriza nuestros días, de ahí todo el sufrimiento que acarrea cuando la vida nos confronta.

Los primeros pasos tienen que ver con detenernos, con mirar el vacío interior y ponerle nombre, esto es, con plantarle cara. Hay que ser prudentes para no confundirnos y colocar en el disfrute que supone viajar, el bienestar que no percibimos de otro modo. Ser honesto con uno mismo es siempre necesario, pero más si cabe al inicio de toda búsqueda. Si deseamos viajar, conocer algo nuevo... ¿de veras que estará ahí nuestra felicidad? ¿La plenitud reside verdaderamente fuera y lejos? Como dice un antiguo proverbio espiritual: «El autoconocimiento siempre trae consigo malas noticias», al menos al comienzo.

Tal vez, cuando uno logra nombrar esa carencia de fondo, sea inevitable no contactar con cierta tristeza interna, pues reconocer eso conlleva que se agriete la imagen idealizada de uno mismo que, sorpresivamente, siempre cree que no precisa de nada. Esa es, sin duda, una *tristeza purificadora,* como bien la denomina el psicoterapeuta John Welwood, pues nos abre los ojos purificándonos de algún modo, permite incluso que reconozcamos «el precio que hemos debido pagar para permanecer atrapados en pautas que han acabado alejándonos de nuestra naturaleza superior»[4] o, podríamos decir, del yo verdadero que somos más allá de aquello que creemos ser.

La imagen que podríamos utilizar de cara a comprender aún más lo que se viene diciendo es la de una brújula o, en nuestros días, un GPS pero, en cualquier caso, de carácter interno.

¿Dónde está el norte de mi vida? ¿Hacia dónde señala la aguja que esconde mi corazón? ¿Qué dirección se muestra en la pantalla de mi mente?
No hay respuestas prestadas, cada cual debe hacer suyo el viaje asumiendo con sinceridad sus propias réplicas pues, aunque no lo creamos, tenemos todo cuanto necesitamos, por eso el trabajo pasa por sintonizar bien y saber qué Redes nos profieren buena cobertura.

Y como la búsqueda es interior, espiritual, es de justicia considerar la presencia del Misterio en todo. Una Presencia que no está alejada ni tampoco condiciona, sino que inspira, dispone, anima de dentro hacia fuera. Por ello, sería

---

[4] J. WELWOOD, *Psicología del despertar,* Kairós, Barcelona 2019, 59.

acertado dejar que Dios nos vaya revelando nuestras oscuridades o defectos a fin de que seamos capaces de darnos cuenta de que la carencia no tiene que ver con que el mundo no nos dé lo que necesitamos, sino con una sed de otro orden. Defectos que iremos reconociendo a base de caer una y otra vez en ellos sin que eso tenga que ver con nada moral, sino con el mero autoconocimiento que Dios mismo pone en nuestra mano. Acto seguido, debemos ser capaces de experimentar el regalo que supone toda oportunidad en la que Dios mismo nos va liberando de ellos.

Sed

¿Cómo es la sed de fondo que percibes? ¿Qué cosas parecen calmarla?

Si sentimos sed es porque existe el agua que logra saciarla, si sentimos esa otra Sed es porque debe existir Algo o Alguien que la calme.

Quisiera comenzar esta segunda idea con la afirmación radical que acabo de exponer. En medio de un mundo donde todo es líquido y superficial, como bien destacó Zygmunt Bauman, hay que ofrecer afirmaciones esenciales y sapienciales que nos sostengan en lo profundo.

Señalamos anteriormente que es indispensable tener conciencia de aquello que está a la sombra. Una buena atención, exenta de falsos asideros mentales, siempre iluminará lo inconsciente donde reside aquello de nosotros que no atinamos a ver. Justamente ahí es donde podemos descubrir el nombre de nuestra sed. Sed que puede convertirse en una buena brújula que nos facilite la búsqueda por el mapa que tenemos en nuestra conciencia, de nosotros mismos, y que es fiel al territorio insólito e indómito que albergamos.

Advertir la sed es descubrir que hay una necesidad de sentido en nuestra vida, por eso andamos buscando, por eso la búsqueda en sí misma es una dimensión esencial, irreductible e irrenunciable del ser humano. La sed es deseo de aquello que falta y sobre ello han hablado múltiples pensadores a lo largo de la historia: «Desde el *eros* de Platón hasta la *libido* de Freud; desde el *atravesar* de Eckhart hasta el *élan vital* de Henri Bergson; desde el *conatus* de Spinoza hasta la *voluntad* de Schopenhauer»[5]. Sentir que falta algo conlleva la necesidad de tener algo y, generalmente, hemos creído que ese *algo* está fuera de nosotros de ahí la compulsión a

---

[5] J. Melloni, *El deseo esencial,* Sal Terrae, Santander 2009, 16.

acaparar y a depender de aquello que vamos adquiriendo.

San Juan de la Cruz, entre otros, fue consciente de que en la mayoría de las ocasiones este deseo se desordena generando cansancio, ansiedad, confusión e incluso culpabilidad, dejándonos incapacitados para hacer algo con ello[6]. Ordenarlo supone atenderlo y esto solo se realiza cuando somos conscientes de dicho deseo, cuando nos damos cuenta de que el modo de saciar la sed se hace mediante sucedáneos de todo tipo.

Expresa bellamente Javier Melloni:

Tenemos sed del Océano
porque el agua que somos en estado de hielo
tiene impreso el recuerdo de haber sido parte
de su Azul fluido e inmenso[7].

Solo las experiencias auténticas y bellas pueden calmar este deseo esencial que anida en nosotros, tan solo la bondad, la belleza y la verdad logran colmar el hueco interior que nos define, solo Dios basta, dirá bellamente Teresa de Ávila... solo Dios, expresará hondamente el hermano Rafael Arnáiz. Dos santos, dos sabios,

---

[6] Cf *La subida del Monte Carmelo* 1, 6.5.
[7] J. MELLONI, *Sed de ser*, Herder, Barcelona 2001³, 19.

que supieron acceder hasta ese no-lugar interior donde arde la Presencia que permite nuestra presencia, hasta ese santuario recóndito donde la Vida se expresa esencialmente y sencillamente en cualquier forma de vida.

Explorar el rostro de nuestra sed es indispensable para transitar esta etapa como turista. Hay que rastrear las huellas que quedaron impresas en nosotros y que desvelan el rumbo que más nos conviene. Lo que pensamos, lo que sentimos y lo que anhelamos son pasos que llegan de un lugar y nos conducen a otro. Nadie puede ni nombrar ni recorrer por nosotros cada una de estas huellas, sino tan solo nosotros mismos.

¿Qué hago cuando descubro la sed que me habita?
¿Con qué puedo o suelo saciarla?
El error más común es pensar que hay que hacer algo, que hay que ir hacia algún lugar concreto. Se trata de aprender a acoger y sostener esta experiencia. En el simple hecho de aceptar radica el sorprendente milagro: acoger lo que somos transforma la vida, cambiar lo que creo que soy nos confunde perdiéndonos aún más, pues los posibles cambios que puedan darse no son lo profundos que requieren ser.

La vivencia de recibir lo que hay permite un cambio de conciencia, nos descentra de nuestro *ego* para situarnos en otro lugar cuya dinámica no está en nuestras manos, sino que nos viene dada. Darnos cuenta de ello pasa por descubrir la extraordinaria maravilla que esconde lo substancial de cada instante. Cuando esto ocurre, la sed desaparece, y la vida es capaz de reconocerse y recrearse en toda la hermosura pulsante que nos rodea: «Una línea, una sombra, un color –su ardiente expresividad–. El lenguaje de las flores, de las montañas, de las riberas y de los cuerpos humanos: el juego de la luz y la sombra de una mirada, la belleza insinuante de la línea de un cuello, el esplendor del croco blanco bajo la luz matinal de un prado alpino... palabras del lenguaje de los sentidos más allá de los sentidos»[8].

Asombro

La dimensión turista que nos define y tenemos que atravesar conlleva, además del reconocimiento de la sed/deseo, advertir que el ser humano también es el único capaz de asombro y, por ende, de asombrarse. Más aún, es dicha curiosidad la que define su naturaleza lanzándolo al mundo. Podríamos aludir a los inicios

---

[8] Hammarskjöld, *o.c.*, 65.

de la filosofía para reconocer esta llama interior que ha ayudado al ser humano a salir de su conformismo, a no ser un mero animal que tan solo obedece a sus instintos, sino que es capaz de sorprenderse y pensar.

El turista viaja porque hay algo que le llama la atención, algo que le produce asombro y, ante ello, no puede más que calmar la curiosidad que le invade. Busca en otro lugar aquello que ha raptado su interés por alguna razón, que puede conocer o desconocer. Lo que sí tiene claro es que lo extraordinario posee una función de alerta. Es obvio, y lo hemos ido señalando, que la satisfacción que se busca no se agota con lo buscado y, por tanto, la búsqueda continúa, de ahí que el turista siempre desee hacer lo propio, esto es, turismo.

¿Qué es lo que verdaderamente te llama la atención cuando dices «qué es esto»? ¿Qué cosas despiertan tu curiosidad? ¿Te sorprendes con frecuencia?
Detrás de lo sorpresivo siempre hay unas preguntas que, en la mayoría de las ocasiones, no somos capaces de advertir que se estén formulando en nuestro interior. Es justamente la pregunta la que nos conduce, ya sea intelectualmente o emocionalmente, a la búsqueda de la respuesta deseada. Todo cuestionamiento es

esencialmente el origen de cualquier indagación. ¿Será el ser humano una inmensa pregunta para sí mismo? Solo los interrogantes nos ayudan a caminar, más allá de las respuestas que se vayan encontrando durante la marcha.

El asombro posibilita la sorpresa y, como dice el hermano David Steindl-Rast, «vivir una vida abierta a la sorpresa, a pesar de toda la muerte que el vivir implica, nos hace sentir más vivos que nunca»[9], de ahí que nos sobrecoja en lo más profundo una obra de arte, un amanecer plácido o una melódica pieza musical. La búsqueda del turista tiene cierta sensibilidad estética, pues al final es justamente esto lo que se desea disfrutar.

Pero hoy día es conveniente advertir que hay muchos tipos de turismo, y con ello no me estoy refiriendo a la manera de llevarlo a cabo, sino al objeto que se desea descubrir. En este tiempo en el que vivimos, esa liquidez del mundo a la que aludíamos antes, hace que el turismo depredador se haya vuelto más caníbal aún, pues lo que prima es la foto. Queremos tener instantáneas de todo para dar cuenta de ello en las redes sociales, pero no somos conscientes de que perdemos la oportunidad que se nos brinda de disfrutar de una experiencia insólita o, tal vez, de que todo

---

[9] D. STEINDL-RAST, *La Gratitud*, Mensajero, Bilbao 2013, 22.

quede reducido a la experiencia de dicha foto. Lo verdaderamente absurdo y triste es que, además, nos hemos creído que por tener la foto ya hemos gustado la vivencia de estar en el lugar retratado.

¿Qué haces con la ingente cantidad de imágenes que atesoras en el teléfono? ¿Cuántas de ellas han logrado atrapar lo inconmensurable de la experiencia?

El asombro del turista también salva si nos permite salir de nosotros mismos para descubrir en lo ajeno la maravilla de la vida que se expresa incontestablemente en millares de formas. La vivencia de estar en un lugar extraño posibilita profundizar en otros muchos matices que conlleva la experiencia de vivir. Estar presentes cuando estamos aquí o allá es el único modo de saborear todo lo que se nos brinda a cada momento.

Estar abierto a la sorpresa, como indicaba el monje benedictino citado, también nos permite conectar con algo plenamente contracultural en nuestros días: la gratuidad. Reconocer que todo es don que nos es dado a cada momento, recoloca el modo en que vivimos día a día, pues hace saltar por los aires todas las exigencias que le hemos impuesto a la Vida. Saber que todo es gracia nos sitúa en una horizontalidad con dicha Vida que solo permite una respuesta que sea realmente justa: el agradecimiento. Dar las gracias se ha convertido en algo que pareciera responder a una educación trasnochada y, sin embargo, además de ser algo más que necesario para asegurar una convivencia armónica, se hace fundamental para asegurar una vida equilibrada en todos los niveles.

En última instancia, lo que nos sorprende no es lo extraño o lo ajeno, sino la irreverente experiencia de lo que se nos da a cada instante. El asombro aparece por el don que supone aquello que exalta el corazón y prende la curiosidad.

Decíamos que toda búsqueda comienza con una pregunta y, toda pregunta surge porque algo captura nuestra atención, pues, por alguna razón, sorprende. Su motivo radica en que es dado, no ha sido construido ni exigido por uno mismo, llega como una brisa suave y amable, con la levedad buena que caracteriza a todo lo que es gracia.

El turista viaja para descubrir algo que le sorprende, que está ahí sin que él haya hecho nada para ello. Algo que podrá tener una historia aquilatada que esconde infinidad de vidas, segundos vitales imposibles de contabilizar que siguen perdurando en el tiempo. Tal vez sea esto lo que, de forma imperceptible, parece que calma esa sed que anida dentro del corazón o quizá sea el hecho de poder conectar con los anhelos de todas las personas implicadas en aquello que se visita. Pudiera ser que, de algún modo, la propia vida sintonice con las de aquellos otros y sus esfuerzos, que fueron respuesta a las preguntas que se hicieron, que vemos materializados y que alivian en su justa medida ese deseo que termina permaneciendo cuando regresamos a casa tras el viaje.

La etapa que supone vivir la experiencia del turista es una respuesta para la pregunta que inicia toda búsqueda, pero no es la única porque el viaje no termina aquí. Ir y regresar es una experiencia necesaria, pero no agota la llamada que albergamos.

CAPÍTULO 2

El aventurero

¿Cuál ha sido la mayor aventura en la que te has embarcado? ¿Qué razones te llevaron a ello? ¿Encontraste eso que andabas buscando? ¿Qué ha quedado de todo aquello?

Estas preguntas pueden ser de utilidad para entrar en esta otra forma de búsqueda que supone la necesidad de tener aventuras de todo tipo. Todos poseemos una dimensión en nosotros mismos que, asumiendo ciertos riesgos, nos lanza más allá de donde estamos. A diferencia del turista, que desea disfrutar de lo nuevo de una manera más tranquila, por más que vaya corriendo a los lugares y permanezca poco en ellos, el aventurero se caracteriza porque lo que desea vivir tiene que generar ciertas dosis de adrenalina que produzcan felicidad y, por ende, la hoy tan nombrada dopamina.

Aunque se ha dicho en múltiples ocasiones que la vida es una verdadera aventura, lo cierto es que nadie termina por vivirla de este modo, pues si bien nos gustan los cambios que deseamos, y que por tanto están controlados por nosotros, en realidad la comodidad-tranquilidad-adormecimiento nos puede. Solo ciertas personas necesitan de la vivacidad para sentirse vivas, confundiendo así el vivirse con esa otra Vida que anhelan en lo profundo sin saberlo.

La filosofía china habla de que la condición humana posee tres dimensiones fundamentales: el cielo, la tierra y el ser humano. Atender cada una de ellas puede ayudar a no caer en los dos grandes peligros a los que puede conducirnos nuestro ser aventurero: la absorción egocéntrica en uno mismo y la distracción que conduce a la insensibilización. Si olvidamos que son precisamente los pies los que nos conectan con la tierra, con lo concreto, podemos evadirnos imaginando ilusiones vanas grandilocuentes. Si no atendemos a nuestra conciencia que aspira a algo más, que tiene necesidad de espacio infinito, perdemos nuestra capacidad para proyectarnos y realizar nuestra vocación. Solo si advertimos que es nuestro cuerpo el que nos dispone para el encuentro con la vida llevando de frente nuestro corazón y nuestra mente, conciliando en nuestro caminar la dimensión tierra –pie apoyado– con la celeste –pie que avanza–, podremos aventurarnos a lo impredecible. No perdamos de vista que existe algo que, como ya dijimos, nos es dado y que por tanto nos excede, facilitando que no nos quedemos encerrados en nosotros mismos y que estemos atentos y, en consecuencia, no distraídos.

En este capítulo también vamos a proponer tres ideas, tres temas que permitan elaborar el modo de buscar que tiene que ver con ese estadio mental aventurero que nos lanza a la búsqueda de algo que aún no termina de definirse y que no queda limitado, como, sin embargo, creemos, a la experiencia que se viva por más intensa que esta pueda llegar a ser.

Las afueras

¿Dónde estoy? ¿Qué necesito conquistar en mi vida? ¿Qué experiencias me faltan por tener? ¿Qué me otorgarían profundamente?
Salir fuera, ya lo apuntábamos en el nivel anterior, posibilita abrir nuestra mente y ensanchar nuestra percepción acerca de la vida. La diferencia ahora tiene que ver con un componente de intensidad que antes no era necesario. Es cierto que ambas experiencias pueden ir de la mano y,

en consecuencia, se pueden combinar una experiencia de turismo con una aventura o viceversa. Ahora bien, en esta ocasión, me parece más acertado poner una especial atención en lo que el espíritu aventurero despierta en aquel que lo acoge viviéndolo.

Hay que advertir algo que puede ser obvio y es que la aventura solo acontece fuera. Subrayar esto *de facto* es necesario para descartar esas otras experiencias que pueden proferir la ingestión de sustancias psicotrópicas y donde uno está solo corporalmente pues la conciencia, que se halla en un estado alterado, abandona el nivel ordinario. El aventurero, tal cual lo estoy presentando en esta ocasión, es aquel que vive su vida de tal forma que precisa de experiencias de cierta intensidad para sentirse vivo y obviar todas las fronteras que percibimos de continuo. Busca, sin saberlo, esa experiencia vital de la trama sin costuras que hay por detrás de todas las fronteras que aparentemente percibimos sin que logremos reconocer que todo, incluidos nosotros mismos, se halla interconectado[1].

Ser capaz de salir fuera en busca de experiencias es un modo de abandonar el letargo que hace que percibamos la vida de manera anodina.

---

[1] Cf K. WILBER, *La conciencia sin fronteras*, Kairós, Barcelona 2005, 66.

Esa manera de vivir abúlica queda atrás cuando nos atrevemos a vencer toda suerte de seguridades porque anhelamos algo más. Hay personas que todavía buscan seguridad en las cosas, en el tener, en las ideas o en las creencias internas sin llegar a darse cuenta de la inconsistencia de ello. Decía Jiddu Krishnamurti, gran sabio indio del siglo pasado, que «buscamos seguridad en la sociedad, en la tradición, en la relación con nuestros padres y con nuestras madres, con nuestra esposa y nuestro marido; pero la vida se abre paso siempre por los muros de nuestra seguridad»[2].

La persona aventurera cree que fuera siempre va a estar aquello que necesita para sí mismo, eso que llena el vacío sin nombre que a veces percibe y no le hace sentir bien. Lo positivo de ello tiene que ver con la dosis de inconformismo que poseemos, lo negativo con el hecho de poner siempre la mirada en otro lugar. El peligro que existe en esto último radica en que uno puede pasarse toda la vida fuera de sí mismo buscando excitaciones de una u otra manera y sin lograr jamás regresar a casa sabedor de que solo allí es donde se le espera, solo allí puede comenzar esa otra aventura interior sin parangón alguno.

---

[2] J. Krishnamurti, *El arte de vivir*, Kairós, Barcelona 2006, 69.

Es verdad que, en muchas ocasiones, es revelador estar en permanente salida ya que, la exageración de ello puede lograr que irrumpa la verdadera necesidad. Pero aquí, como en todo, cada uno requiere transitar su propio camino, reconocer las señales pertinentes y tener la vivencia que supone perderse y encontrarse. Nada hay de malo en ello si termina por conducir a buen puerto. En esto sobran los juicios que tantas veces hacemos cuando consideramos que lo nuestro es el camino correcto, pues no nos damos cuenta del permiso que debemos dar a los demás para que realicen su propia e irrenunciable andadura.

Hay infinidad de sitios que visitar para lograr alcanzar lo que se busca, pero sería conveniente advertir lo que sucede cuando, tras haber vivido lo deseado, seguimos sintiendo que es algo más lo que nos falta.

¿Cómo me quedo tras poner la vida en riesgo? ¿Qué me produce?, ¿qué me da que sea imperecedero? ¿Por qué nunca es suficiente?
Tal vez, en nuestro fuero interno, creamos a pie juntillas aquello del *carpe diem,* esto es, que «la vida son dos días» y que hay que aprovecharlo todo al máximo. Quizá haya que diferenciar la experiencia de vivir algo al límite con vivir

la conciencia que supone todo límite, con esa experiencia que brinda el estar presentes con lo que hay, saboreando y gozando sin más. Puede ser que la brújula, a la que aludíamos, no esté tan equilibrada como pensamos y, con la más absoluta de las cegueras, nos estemos encaminando hacia algún lugar equivocado. Las respuestas que se den a las preguntas siempre arrojarán luz que nos pueda ayudar a discernir no solo el rumbo correcto, sino cómo andamos interiormente y por dónde.

Ni existe lugar en el mundo que cumpla todas las expectativas que nos hemos hecho, ni experiencia intensa mundanal que sacie el anhelo de fondo y logre que cese la búsqueda, ni tampoco nos aventuramos en nada que no conlleve, en algún sentido, poner en riesgo la propia vida.

Las experiencias

¿Qué más es lo que quiero? ¿Qué más necesito que no tenga ya? ¿Por qué siento que me falta algo aún? Bien pudiera parecer que el cúmulo de experiencias fuese la razón última de todo aventurero que logra decirse a sí mismo aquella sentencia de Agripino, que recoge Epicteto en sus textos: «Ja-

más seré un obstáculo para mí mismo»[3]. Y como el individuo no desea obstaculizarse, afronta sus miedos, asume los riesgos y se lanza a vivir, sin apenas lucidez, en busca de la felicidad eterna. Obviamente, lo que no se percibe *a priori* es que lo que se desea verdaderamente es atesorar y no vivenciar. Uno cree que es la experiencia en sí, pero cuando la comparte con otros uno comienza a contabilizarlas mientras cuenta lo meramente anecdótico y, en raras ocasiones, lo sustancial[4].

El aventurero necesita constantemente nuevas experiencias que le garanticen el desarrollo de lo que no siente que en verdad es, una especie de corsario de la vida. Quizá pueda sonar un tanto confrontativo, pero lo cierto es que navegamos las aguas de la vida más como piratas que como marineros. Queremos apropiarnos de todo con tal de que la insatisfacción, que queremos obviar, se calme en buena medida. Vamos como aves de rapiña devorando momentos, instantes, circunstancias, e incluso personas; somos una suerte de zombis o vampiros que necesitan la energía de los otros y lo otro para mantenerse con vida.

---

[3] Epicteto, *Máximas,* Calpe, Madrid-Barcelona 2012, 84.
[4] Existe, según me contaron, un dicho en Marruecos que dice: «Ustedes tienen relojes, nosotros tenemos tiempo».

El materialismo en el que vivimos inmersos en esta sociedad del cansancio, como bien la define el filósofo Byung-Chul Han, también se ha apoderado de las experiencias como otro recurso más que ofrecer desde el consumismo en el que se nos va la vida. El consumismo como solución al temor de que podamos ser presas del aburrimiento. Curiosamente, Walter Benjamin llamó exactamente al aburrimiento «el pájaro de sueño que incuba el huevo de la experiencia». Una experiencia que, una vez eclosione, no generará más que una aceleración de lo que ya existe. El drama de esto reside en que sin la relajación necesaria uno pierde toda capacidad de poder escuchar y, por tanto, de escucharse. La velocidad arrastra nuestra vida hacia una urdimbre que nos fagocita mientras seguimos creyendo que el problema reside en la afirmación con la que nos motivamos a nosotros mismos: «Aún no es suficiente».

El estado que vive el aventurero también conlleva una pedagogía del mirar. Esta forma de atender la realidad posee un interés concreto: «Eso lo quiero, eso es para mí» y que, en consecuencia, no tiene presente a los demás, lo comunitario, el compartir lo bueno. Hay un matiz utilitarista en la aglutinación de las experiencias que no se termina de dilucidar. Esto es lo que ocasiona que vivamos con la sensación de fondo de que nada es suficiente y que, por ello, siempre procuremos tener cuantas más vivencias mejor y, cuanto más distintas, mejor aún. Esto, que no se queda guardado en el corazón, necesita, como ya sucedía en el turista, airearse. La necesidad de mostrarlo se hace manifiesta y es además imperiosa pues, de lo contrario, uno parece no ser protagonista de nada en las historias de los otros. En este sentido, hemos perdido también, el gusto por la intimidad, por ese saboreo de lo propio que no precisa de aspavientos, de bombo ni platillo.

Aunque nos cueste reconocerlo pues la sociedad mercantil y tecnocrática se encarga de ocultarlo, «en realidad nadie quiere vivir en un mundo en el que todo es positivo todo el tiempo»[5], como bien reconocía ya en los años setenta Alan Watts, pues necesitamos los contrastes para tener conciencia de que estamos vivos. La polaridad es un rasgo constitutivo del ser humano y, en la experiencia del aventurero, más necesaria aún si cabe, pues de esta manera se asegura que la intensidad de la vivencia tenga la suficiente excitación. El reposo ayuda a valorar cualquier actividad que nos resulte placentera,

---

[5] A. WATTS, *Sencillamente así,* Kairós, Barcelona 2021, 170.

pero, así mismo, el exceso de esta nos sirve para estimar sobremanera la calma y el sosiego. Tener conciencia de ello requiere una praxis concreta que va en otra dirección radicalmente distinta y opuesta al activismo que el aventurero ansía.

¿Cuál es y cómo es la inquietud que me saca del letargo? ¿De qué manera manejo los tiempos para ser capaz de no dejarme ir en un activismo ansioso? La Búsqueda es otra búsqueda a la que hay que ir llegando a base de errar en el proceso. No se atina a la primera, sino tras sortear todo tipo de vicisitudes que van dando sentido al proceso. Este proceso siempre conlleva desarrollo y, por ende, transformación, si la conciencia y la lucidez se ponen en juego, si el compromiso con uno mismo salta por encima de la mera charlatanería y de las ideas felices que sobre la Vida creemos tener.

Esta primera parte, a falta de un aspecto más que comentar, implica el aprendizaje de la tarea de preguntarse. Es este un trabajo necesario para que se produzca la separación que nos saca del hastío y el desánimo que hacen de los días una mera sucesión de tiempo. Ejercitar el darse cuenta mediante la reflexión atenta, reconocer cómo nos sentimos y advertir nuestras necesidades es parte del camino de toda búsqueda genuina.

El futuro

¿Dónde vives? ¿Qué es lo que te preocupa? ¿De qué te ocupas? ¿Hacia dónde escapas?

Decía santa Escolástica de Nursia, hermana de san Benito, que hay que prestarle oído al corazón. Este, en toda la tradición cristiana, ha ocupado un lugar estimable pues, además de ser el órgano que bombea la sangre, también ha sido reconocido como el centro cardinal de la vida. Lo cardial es cardinal como también es cordial –de hecho, la raíz *cor,* en latín, significa «corazón»–. La existencia se incardina desde aquello que brota del corazón.

En el evangelio, el mismo Jesús advierte a sus discípulos al respecto: «Porque donde esté tu corazón, allí estará también tu tesoro» (Mt 6,21). Esta bella afirmación nos ayuda a situarnos ante una realidad singular, ya que nos ayuda a descubrir cuáles son nuestros verdaderos tesoros y, por tanto, qué es lo que verdaderamente nos importa.

El modo de ser del aventurero abusa de la planificación, de la ensoñación, de los proyectos. Su vida está más en lo que vendrá que en lo que hay. Sueña más que vive, sin saber que lo que vive está más allá de los sueños porque es real, es y está presente. El presente que es el tiempo en el que se desarrolla la Vida y del que nos escapamos más de lo que ni tan siquiera llegamos a imaginar.

Al buscador aventurero se le va el tiempo ensoñando y organizando aquello que le procurará lo que desea. Es cierto que, en la aventura, en la duración que ocupa la experiencia en sí, este explorador de la intensidad está entregado en lo que vive, pero sin que pueda ser todo lo consciente de ello que quisiera, de ahí que necesite de la repetición para apurar algo del sabor que esta le deja. Por ello, precisa del «más de lo mismo», aderezado de cierta ansiedad, que se entremezcla con la intensidad de la vivacidad que experimenta.

La atención divergente es propia de esta forma de búsqueda, pues lo mismo está en el presente que se exilia al futuro. Cuesta estar en lo que se está y ser donde se es porque hay una huida esperanzada al futuro. De hecho, el activismo produce justamente esto, pues ante tanta cantidad es imposible reparar en el cuidado de la calidad. El «cuanto más mejor» engulle lo auténtico de la vida que pasa por descubrir que lo mejor reside en lograr estar presente en lo poco, pues esto se da con otra cadencia, en un ritmo más mesurado, ese ritmo del que la Naturaleza sabe tanto.

Sería bueno, para el aventurero que llevamos dentro, descubrir el valor de aquella máxima de Confucio que reza: «Estudia el pasado si quieres pronosticar el futuro», esto es, mira cómo has vivido si deseas, justo en este instante, saber cómo encaminar este presente continuo en el que se despliega graciosamente la vida para que el futuro tenga lo que ahora no encuentras, eso que la aventura no termina de dar.

Está claro que detrás del turista y del aventurero se encuentra cierta dosis de inconsciencia y, al mismo tiempo, la oportunidad para ser capaz de nombrar lo que falta, lo que esconde la insatisfacción que lleva a vivir la vida consumiendo lugares y experiencias. La saciedad no se halla en lo que acumulamos, ni material ni espiritualmente, sino que está en otro lugar porque es de otro orden. Para que eso acontezca es necesario que la búsqueda vaya purificándose, purgándose, limpiándose para que su claridad desvele otros modos, otras maneras de continuar el camino hasta ese hontanar que no es sucedáneo de nada.

¿Cómo podrías permanecer consciente ante lo que se te da? ¿Qué descubres en la experiencia de estar presente sin atender la urgencia de ir a otro lugar? Atenderte pasa por advertir lo que te da alegría, con lo que produce en ti un bienestar que se

mantiene más allá de las circunstancias concretas. Atender es saber hacia dónde tiendes, no hacia lo que ansías, es prestarle atención al anhelo que guía tu vida más allá de los ruidos que enturbian tu corazón.

No escaparse es un arte que se puede aprender en la medida en que nos preguntamos, en la medida en que depositamos nuestra vida en manos de la inercia complaciente que despista nuestra mirada de lo esencial y es capaz de dejarse confiadamente en todo aquello que escapa a su conocimiento.

Lograr encontrarse en lo profundo de uno mismo es el objetivo de toda búsqueda espiritual y es la invitación que se nos hizo por ser lo que somos. Justamente es en ese fondo donde se descubre la Presencia que nos habita, la misma que iremos balbuceando según seamos capaces de dejar que la oscuridad se torne en claridad.

II

EL OFICIO DE PREGUNTARSE

CAPÍTULO 3

El explorador

¿Qué percibes que te falta? ¿Qué intuyes que está más allá? ¿Dónde sientes que debes ir?

Llegamos a este tercer nivel, etapa o actitud ante la búsqueda. Puede parecer en un primer momento que esta es la más acorde por las resonancias que puede haber entre un buscador y un explorador, pero lo cierto es que no es más que un momento, casi intermedio, de avance y ahondamiento del camino interior. Me gusta recurrir a la imagen de la espiral para ilustrar esto mismo que acabo de señalar, ya que lejos de andar en círculos, nos encontramos algo más adelante respecto a lo recorrido.

El explorador que albergamos, actitud o estado de vida al que otros tantos se entregan porque comienzan a gustar de cierto olfato espiritual, es aquel que no se contenta con lo meramente material. La experiencia del turista y la del aventurero se le quedan cortas y vacías pues percibe que hay un *Algo más* o un *Alguien* que puede otorgarle la saciedad que ansía en lo más profundo de su ser. El explorador es un buscador que no sabe si realmente encontrará lo buscado, pero solo comprende su vida desde esta actitud que lo lleva siempre a ir más allá, al tiempo que lo va aproximando a los arrabales de su alma. Para él no existe el contento donde otros lo hallan, sino que precisa darle un espacio dentro de sí y dedicarle un tiempo significativo a esa inquietud que alberga.

Esta nueva manera de deambular el sendero espiritual implica dar un salto cualitativo respecto a las preguntas que nos formulábamos con anterioridad. Si las dos actitudes anteriores percibían la pregunta como una tarea que emprender para salir de la rutina, ahora comienza a comprenderse el hecho de preguntarse como un oficio imprescindible que responde a una vocación de fondo. Este oficio dimana de esa profundidad que solo se alcanza cuando se rema mar adentro.

Decía Thomas Merton que «una vez que un hombre ha comenzado a andar por esta senda, ya no hay excusa que valga para dejarla, porque de hecho estar en ella es reconocer sin la menor duda o vacilación que solo esa senda es plenamente real y que todo lo demás es engaño, salvo en la medida en que de alguna forma secreta y escondida guarde conexión con *el camino*»[1]. Esta es la intuición de fondo que posee el buscador y que vamos a ir comprendiendo en la medida en que nos acerquemos a las tres ideas guía que se van a proponer.

Deseo esencial

¿De qué orden es lo que siento que me falta? ¿Qué deseo inflama mi corazón que no desaparece con cosas materiales o con el paso del tiempo?
El deseo esencial que pulsa dentro del explorador no es el mismo que ese otro que sentía el turista en sus primeros pasos, ni tampoco tiene que ver con la sed de aquel. Ahora la experiencia es radicalmente diferente y posee otro calado. El deseo que se percibe ahora necesita una atención especial, una vigilancia como aquella de la que hablaban los anacoretas del desierto.

Aquellos ascetas comprendieron que la manera de atender ese deseo del corazón era a través de la *nêpsis,* entendida como la virtud mediante la cual uno es capaz de mantenerse y progresar en el viaje interior o la vida espiritual. La *nêpsis,*

---

[1] T. Merton, *La voz secreta,* Sal Terrae, Santander 2015, 126.

la vigilancia, consistía en el ejercicio de la atención que se focalizaba en los pensamientos que asaltaban la mente y que conducían, ya no solo a la distracción de lo fundamental, sino a la creencia de que lo que falta está fuera de uno mismo.

Prestar atención a lo propio permite que la persona no se entretenga con mediocridades que perpetúan la insatisfacción del alma. El deseo esencial del buscador radica justamente en lograr atisbar aquello que le permita tener experiencia de su centro, yo verdadero o esa identidad profunda que tiene que ver con la impronta de Dios en nosotros y que conduce a lo que aquellos pedagogos del desierto denominaron como *hesiquía*. Esta palabra griega, que es difícil de traducir, viene a entenderse como una paz, una calma, una ternura o dulzura inefables que quedan de forma permanente en el corazón logrando que los pensamientos se apacigüen.

Lograr atender este deseo hace necesaria la toma de conciencia respecto a las dos partes más pasionales que albergamos dentro de nosotros o, como se solía decir en la antigüedad, en el alma. Estas dos partes eran conocidas bajo los nombres de *concupiscible* e *irascible*. La primera hacía alusión a esa parte más pasional del alma que sentía atracción por las cosas que se presentan como un bien y que luego no lo son. Y, la segunda, hace referencia a esa otra parte, también pasional, que hace que sintamos repulsión y rechazo por algo que percibimos como un mal, aunque, en realidad, pueda ser un bien. Dilucidar entre ambas permite no caer en la tentación de pretender colmar el deseo esencial, que dinamiza la búsqueda, con ningún sucedáneo.

El deseo indispensable, que posibilita la búsqueda del explorador espiritual, permite, a su vez, una apertura necesaria que logra que la vida resplandezca en la multiplicidad de sus formas. Esta actitud brinda la experiencia de que todo pueda ser ante nuestros ojos sin que tenga que responder a ningún tipo de expectativa. Cuando esto acontece, el buscador nota que sale de la lógica del aparentar que caracteriza a la sociedad y siente que también él puede ser lo que es. Afirma Javier Melloni que «en la tradición zen se habla con mucha frecuencia de la *Apertura infinita*. El meditante llega a percibir que el mundo que le rodea posee una profundidad infinita. En palabras de Dogen, "déjate ir y te llenarás hasta la saciedad"»[2]. Lo que Melloni sostiene para la persona que medita puede ser extrapolable para el buscador que acoge con fidelidad los dictados de su corazón respecto a lo que ansía encontrar.

---

[2] J. Melloni, *De aquí a Aquí,* Kairós, Barcelona 2021, 26.

¿Hay algo aún que limite tu búsqueda? ¿Qué papel juegan tus miedos en todo esto?

Reconocer y acoger ese deseo pulsante es un reto que implica asumir riesgos. Uno de ellos tiene que ver con obviar lo que otros puedan o no decir de uno mismo pues, en la vida jamás dejamos de jugar a saber lo que les conviene a los demás, sin que nos demos cuenta de la ignorancia tan grande que tenemos respecto de nosotros mismos.

Aprender a atender lo propio posibilita que tengamos la oportunidad de reconocer aquello que san Agustín comprendió tan bien: «El alma se ensancha con el deseo de lo que busca». En otro lugar dice algo que puede iluminar aún más si cabe: «Mientras estamos en esta tierra, entre el vacío del ser humano y la plenitud final, se extiende el deseo». El deseo forma parte del camino, el deseo es sendero que posibilita la verdadera búsqueda.

Encrucijadas

¿Hacia dónde es mejor ir? ¿Por dónde continuar para no errar? ¿Por dónde están yendo mis pasos? ¿Cuáles son mis oscuridades?

El explorador-buscador se encuentra más pronto que tarde con que el viaje no está lleno de tantas certezas como tal vez podía creer al inicio, cuando se logra advertir el deseo esencial. La oscuridad forma parte del trayecto y la noche se hace tan o más necesaria que el día. La dificultad radica en ser capaz de gestionar esta experiencia, pues ni es lo familiar que se desea ni tan agradable como se espera.

La noche forma parte del lenguaje del Misterio, de la Vida, de Dios. La noche es todo aquello que nos sobreviene y escapa a nuestro control con mucha facilidad siendo, muchas veces, desolador. Nuestra capacidad de gestionar nuestra vida cae por los suelos y quedamos a la intemperie de unos vientos que suelen ser más impetuosos que las brisas amables de los momentos agradables de la vida. Pero la noche también posee todo el valor de la experiencia Pascual porque es justamente eso, un paso que va más allá de un mero viraje. La oscuridad que vivimos es luminosidad que se nos entrega desde otras coordenadas, pues transforma la vida.

San Juan de la Cruz escribió mucho sobre la *noche oscura,* sobre ese momento vital donde el mapa que creía conocer tan bien contiene una serie de encrucijadas de las que nada se sabe. Instantes que, por ser desconocidos, permiten a Dios mismo ser quien es. El desconcierto que estas señales imprevistas generan al buscador hace que interiormente se halle frente a una encrucijada que permitirá, si uno se mantiene fiel y persevera, el desarrollo de una confianza más auténtica, de una crisis que haga justicia a su propio significado: acrisolar, purificar.

Es inevitable que ante estos momentos de incertidumbre aparezca la experiencia de un dolor que está en otro registro, que no es físico ni concreto, sino que posee tal nivel de abstracción que se hace del todo imposible definirlo, ni tampoco describirlo. Ese dolor del alma, como se suele decir, es el que pone en jaque y al descubierto la mezquindad y el egocentrismo desde los que siempre hemos pretendido ordenar nuestra vida e, incluso, la de los demás. Esta encrucijada permite el vislumbre de una claridad en medio de la noche, pues su aceptación es el reconocimiento de la necesidad de una oración que hasta ahora no había sido precisa. Ante la sombra solo nos queda la esperanza de la luz que la genera. Una esperanza que se cultiva a base de silenciamiento, de contemplación que, como dice Juan de la Cruz: «No es otra cosa que infusión secreta, pacífica y amorosa de Dios, que, si le dan lugar, inflama al alma en espíritu de amor»[3].

---

[3] *Noche oscura del alma* 1,10.6; véase también 5. 1.

La encrucijada del buscador supone, por tanto, el reconocimiento de una interioridad que necesita cultivarse, atenderse, relacionarse con lo Buscado. El explorador del alma percibe que su andadura no está en este u otro lugar, sino más adentro y que, por tanto, requiere de unas destrezas nuevas que exceden los artilugios que el mercado vende por más espirituales que estos puedan llegar a ser.

Tal vez, la oscuridad a la que aludíamos también pueda despertar un interés en el lector que apunte más hacia el aspecto psicológico, lo cual es además un buen preámbulo. No podemos perder de vista que hay sombras de la personalidad que, por estar fuera de la conciencia, modulan nuestro modo de ser hasta tal punto que lo condicionan generando dificultades que cuesta resolver. Un buen trabajo comprometido con esta sombra –Jung– o inconsciente –Freud– nos permitirá no colocar en otros algo que solo nos atañe a nosotros ni, tampoco, buscar chivos expiatorios que justifiquen nuestras desgracias. Es importante que esta intersección interior que todos debemos resolver permanentemente e incansablemente nos conduzca a una mayor conciencia de nosotros mismos y, por ende, a un mayor grado de lucidez y responsabilidad compasiva respecto a lo nuestro y a los demás.

En aras de imprimir confianza en esta etapa o momento que atraviesa todo buscador, cabe recordar las palabras del libro de Éxodo: «La auténtica experiencia de Dios siempre "te quema" y, sin embargo, no te destruye» (Éx 3,2-3), pues siempre es demasiado. Solo eso que se da en demasía puede colmar la sed profunda que inició la búsqueda.

¿Cuánto me cuesta confiar más? ¿Qué experiencias inspiran esa confianza necesaria para continuar la búsqueda?

La encrucijada es un momento decisivo porque es justamente ahí donde toca discernir para poder decidir, el «qué», el «cómo» y el «hacia dónde» que logren imprimir sentido a la vida. Un sentido que hay que comprender en su doble acepción del término, esto es, como dirección y como significado.

Podríamos decidir abandonar en este punto, mirar hacia atrás recordando la comodidad de los días repetitivos y aparentemente seguros, pero lo cierto es que la llamada no se puede acallar desde el momento en que la reconocemos. Mirar para otro lado es tentador, contarnos alguna historia que nos podamos creer es otra posibilidad, pero se sabe que la necesidad de buscar el sentido de la vida, por más que pueda relegarse, al final nunca puede ser obviada y necesita ser atendida.

Entrega

¿En qué o en quién soy capaz de abandonarme, de soltarme? ¿Qué características posee que sean fiables? ¿De qué o de quién estaría bien no depender para poder aumentar mi confianza?
La tercera idea clave para comprender la experiencia del explorador es la entrega. Decir algo a propósito de ello conlleva aclarar más aún que no estamos aludiendo a esas dependencias a las que hemos abandonado la vida. No se trata de esta, sino de esa otra entrega que se da cuando uno se pone en las manos confiadamente de aquello o de aquel que inspiran e imprimen confianza y sentido. Se trata más bien de la experiencia de rendirse, de dejarse caer o dejar caer tantas ideas, conceptos y razonamientos desde los que deambulamos cotidianamente. El explorador debe aprender a ceder sus certezas para poder escuchar esa otra voz más profunda que guía su búsqueda hacia una Verdad que no es voz de ningún idealismo.

La dimensión del explorador-buscador que define también lo humano permite que uno pueda salvar el círculo vicioso de la voluntad de poder que la sociedad, desde el imperativo del exitismo, inocula en nosotros desde la más tierna infancia. Es ese proceso del ego que puede sintetizarse así: «Quiero tener poder» → «quiero tener el control» → «quiero llevar siempre la razón» → «¡mirad qué poderoso soy!». Abandonar esa presunción conlleva aceptar que el verdadero «poder» reside y adviene de otro lugar, que «nuestro bloqueo, nuestra resistencia interior a "entregar la voluntad", solo puede superarse mediante *una decisión*»[4] y no mediante ideas o sentimientos más o menos claros al respecto.

Aprender a claudicar, a tener experiencia real del significado de la *kénosis* de Cristo (cf Flp 2,6-11), pasa por aprender el arte de la aceptación. El buscador debe dejarse guiar, reconociendo las señales, el lenguaje simbólico y arquetípico que tan bien conoce el corazón. Este, a diferencia del turista y el aventurero, no puede planificar la búsqueda, sino que tiene que aprender a escuchar y reconocer la voz de la llamada que lo interpela a caminar, a ahondar en la vida, a profundizar en la sencillez indeleble donde Dios no deja de decirse independientemente de que el buscador no sepa nada de Él.

---

[4] R. ROHR, *Respirar bajo el agua*, Herder, Barcelona 2016, 63.

Con la entrega, el explorador espiritual va descubriendo, ya no aquello que necesita solo para contentarse, sino eso otro que atesora para poder ofrecer. Y para que esto pueda darse satisfactoriamente, debemos comprender que el autorreproche no conduce a ningún sitio. Solo cuando uno obvia los autojuicios y la agresividad para consigo, permite que su personalidad se abra para que desde su interior puedan emerger las cualidades esenciales que alberga. Decía el maestro tibetano Chögyam Trungpa que «cuando usted limpia su tetera, la tetera se convierte, para usted, en su camino hacia el despertar»[5], es decir, que el cuidado que nos profiramos posibilitará que lo que albergamos aparezca como una bondad que, porque así lo es para nosotros mismos, también lo es para los demás.

La búsqueda, desde esta actitud o etapa, posee ya una connotación espiritual que no aparecía en los dos niveles precedentes. Aquí se intuye ya que el anhelo tiene un matiz profundo que pone en relación nuestro interior con lo esencial del mundo, el santuario interior con la ermita exterior. Lo que sucede, aunque ya se van percibiendo ciertos atisbos de ello, es que aún no se termina de sentir al Misterio,

---

[5] J. WELWOOD, *Psicología del despertar*, Kairós, Barcelona 2019, 51.

a Dios, como el anhelo de este viaje. Eso irá aconteciendo, según he querido abordarlo, en la siguiente etapa donde el explorador se convierte en peregrino.

¿Cómo modulo mi voluntad, mi intención de hacer, de ir, de ser algo? ¿Qué formas tengo para acallar las voces que piden que me entregue a la llamada interior?

La brújula del explorador no funciona al final desde una perspectiva filosófica-racional, pues comprende que esta es incompleta y no termina de dar las respuestas deseadas, en tanto que no es un mero afán de conocimiento lo que palpita dentro. Afirma muy bien, en este sentido, el filósofo e indólogo Vicente Merlo que «más importante que el conocimiento, que la comprensión, que la búsqueda del saber, se siente que es la entrega amorosa, confiada, llena de fe en la bondad primordial del Ser absoluto que nos ha creado y nos sostiene en la existencia»[6]. No es tanto comprender o saber, sino la necesidad de descubrir el Hontanar que calma la sed esencial y eso no es una cuestión meramente cognitiva, emocional o esotérica, sino más bien una experiencia integral de otro orden.

---

[6] V. MERLO, *Buscadores de sentido*, La Llave, Barcelona 2023, 38.

El explorador se entrega desde una confianza respetuosa, enérgica y entusiasta, con la esperanza de saber que el olfato espiritual que ha despertado en él y del cual goza apunta en una dirección que intuye ya, pero que aún no se ha realizado con completud y, menos aún, como realmente quisiera.

CAPÍTULO 4

El peregrino

¿Hacia dónde te diriges? ¿Cuál es tu meta? ¿Qué da sentido a tu caminar?

Ni el turista, ni el aventurero, ni tampoco el explorador tenían certeza de lo que motivaba su vida. El peregrino es aquel que ha descubierto que su búsqueda posee una Razón fundamental, un sentido que comienza a ser como gotas de agua para esa sed que atraviesa su vida.

El «para qué» posee un valor indiscutible. Frente al porqué que tantas veces nos preguntamos en un intento por comprender lo sucedido, se halla la finalidad, el descubrimiento de la motivación que nos hace encaminar nuestra vida hacia un lugar o un objetivo y no otro. El peregrino es un buscador que ha logrado entrever en qué consiste esa búsqueda profunda a la que ya no puede renunciar de ningún modo.

Pensar en este modo de vivir nos lleva a conectar con tantas experiencias de peregrinación como hay en el mundo. Caer en la cuenta de esos lugares sagrados que despiertan, ya no solo mera curiosidad, sino una devoción que logra imprimir en la vida la fuerza necesaria como para que la persona emprenda la marcha, en la mayoría de las ocasiones, a pie. En este nivel o etapa, lo sagrado comienza a estar al descubierto pues no solo reside en la motivación del caminante, sino también en el lugar exterior al que se desea llegar.

De todas las peregrinaciones que se conocen en las distintas tradiciones y que suelen convertirse en punto de inflexión en la vida de aquellos que las realizan, se encuentra el Camino de Santiago o la peregrinación a Tierra Santa con todos sus santos lugares. Obviamente, hay quien realiza estos viajes con la actitud de las etapas anteriores que hemos desarrollado, pero también y sobre todo, y tal vez justamente por esto, son objeto de este capítulo, se trata de experiencias que se encuentran en otro orden por la profundidad que comprenden y ofrecen.

La búsqueda desde la actitud de peregrino requiere, cuanto menos, compromiso, dedicación y entrega. Necesita de la destreza de aquel que maneja los mejores mapas y que posee una brújula que funciona desde el centro magnético interior que es capaz de marcar con atino para no confundir el sitio con el lugar, un edificio con lo que allí habita. El lugar, en este sentido tiene relación con el hogar, con el espacio en el que la vida se ensancha y palpita más allá del espacio físico porque genera relaciones, porque ahí nos reconocemos y también reconocemos a los demás.

Anhelo

¿Has confundido el deseo con el anhelo? ¿Cómo es la aspiración que inspira tus pasos? ¿Cuál es tu lugar en el mundo?

Aunque hay términos que se podrían considerar sinónimos, no debemos caer en el error de colocarlos en el mismo nivel, pues así perderíamos los matices que nos pueden ayudar a comprender lo que aquí se propone. En esta ocasión, el anhelo, como llave que abre una puerta que permite acceder al umbral interior, podría confundirse con el deseo del que ya hemos hablado, y que sobre todo denota aquello de lo que se carece. El anhelo apunta en otra dirección, permite señalar aquello otro que inspira la vida porque le da sentido. Se podría pensar que eso es justamente lo que falta, pero no es así, pues se trata de poner la atención en la motivación que lanza los pasos hacia delante permitiendo el propio peregrinaje.

Decía Ángela de Foligno que «Dios viene al alma que se da cuenta de la gracia de Dios en sí misma, ignorando todavía que se trata de la propia presencia de Dios»[1]. Esta es la experiencia que irrumpe en el peregrino cuando comienza a reconocer y a acoger ese anhelo profundo que lo habita. Hay que ponerle nombre, asumir que existe un camino que recorrer y que, si hay un trayecto, también debe haber un modo de realizarlo, una manera de dar los pasos y avanzar, más allá de los posibles retrocesos que puedan existir. Retrocesos que pueden tener que ver con la falta de comodidad a la que se ha renunciado o el simple recordatorio que nos lleva a creer que otros tiempos fueron mejores.

«Como busca la cierva corrientes de agua, así mi alma te busca a ti, Dios mío», expresa el salmo 41 iluminando bellamente lo que viene a significar el anhelo del que hablamos. El salmista continúa subrayando aún más lo que la persona precisa: «Tiene sed de Dios, del Dios vivo». Y, entonces, ya no puede más que cuestionarse para intentar saber cuándo se calmará esa sed profunda: «¿Cuándo entraré a ver el rostro de Dios?».

---

[1] Á. DE FOLIGNO, *Libro de la experiencia,* Siruela, Madrid 2014, 99.

Ante esta pregunta solo queda una esperanza confiada en que acontecerá aquello que se reza, eso que esperándolo pueda colmar de sentido la vida.

Procurar no dejarse arrastrar por la desesperación o la impaciencia es una tarea ardua pero necesaria, pues nada hay profundo que no requiera de una cadencia lenta y constante. El ritmo no está tanto en lo que uno pueda hacer con su propio esfuerzo como en ser capaz de mantener encendida la disposición, la motivación y la claridad respecto al «hacia dónde» se desea llegar. Por esto mismo, resulta fácil reconocer la doble dimensión que posee toda peregrinación, ya que hay dos niveles que toca atender: el cómo y el hacia dónde o, dicho de otro modo, la razón y la fe.

San Agustín tuvo certeza del lugar hacia donde se dirigía interiormente cuando expresó aquellas hermosas palabras: «Nos has hecho, Señor, para ti; y nuestro corazón está inquieto hasta que no descanse en ti». El itinerario espiritual que realizó no fue nada exclusivo ni excluyente, sino que ponía de manifiesto que todo ser humano es *homo viator,* esto es, debe realizar la aventura interior profunda que es la vida y que tiene que ver con ir aprendiendo, ir transitando los recodos del camino exterior e interior, logrando acoger y conciliar en sí mismo la parte que pueda depender de él con todo lo que le excede, sobrepasa y, por qué no, también lo bendice.

¿Cómo se puede discriminar entre aquello que responde a un interés egoico de aquello otro que viene de más adentro? ¿Qué criterios pueden ayudar a realizar un buen discernimiento?

El discernimiento es necesario y preciso y requiere de una capacidad de escucha a la luz de la Luz, al amparo de la mirada entrañable de Dios que solo desea que seamos lo que somos. Alcanzar a experimentar esto es la finalidad de todo viaje espiritual, pero ello no está exento de aprender a clarificar las batallas interiores que se dan en nosotros mismos y que pueden tener que ver con la propia autocomplacencia o con cierta ambición espiritual que solo pretenda gloriar la parte más egoica que muchas veces gobierna nuestra vida[2]. Tal vez, para ello, un buen paso que dar en esta peregrinación tenga que ver con ser capaces de ponernos en jaque para que logremos darnos cuenta de que no comprendemos tanto como creemos comprender y, por ello, nos sea mucho más conveniente, mientras no dejamos de caminar, aprender a desaprender.

---

[2] Cf J. Finley, *El palacio del vacío de Thomas Merton*, Sal Terrae, Santander 2023, 122.

Convergencia

¿Adviertes que lo que te sucede en las afueras de tu vida es un reflejo de tu adentro? ¿Dónde has colocado la frontera entre lo que solo es tuyo y lo que solo es de los demás?

Practicar el oficio de preguntarse sigue siendo un buen modo de caminar, pues es la manera de barruntar algunas pocas certezas que alumbren desde dentro. Estas que acabo de proponer pretenden clarificar que la demarcación que hemos hecho entre la vida de fuera y la de dentro es errónea, pues nadie camina fuera sin haber dado los pasos necesarios en su interior; nadie deambula por dentro sin que fuera posea su reflejo. Si se quiere, de otro modo, nadie da lo que no tiene como tampoco hay nadie que pueda acoger lo que no se le da.

Prestarle atención a la idea y al sentido que encierra el vocablo *convergencia* tiene que ver justamente con esto que acabamos de señalar. Es un buen modo de ponerle conciencia a los límites que erigimos como fronteras y que nos hacen vivir muchas veces con cierta esquizofrenia mental, ya que separan una vida de la otra, cuando todo está más que interconectado en una suerte de trama o matriz esencial. De igual modo que no somos lo que somos sin los demás, tampoco somos lo que somos sin la permeabilidad que hay entre nuestro mundo interior y el exterior.

Javier Melloni, en relación al saber y no-saber, afirma que «lo que está en juego es abrirse a un tipo de cognición que no es mental, sino integral. Ardua tarea en nuestra cultura porque está construida sobre las certezas y seguridades de un razonamiento lógico, causal y analítico que avanza secuencialmente agarrado a sí mismo, cuando de lo que se trata es de soltar la mente y abrirse a todo lo que está disponible más allá de su dominio»[3]. El camino enseña que todas las seguridades de las que disponíamos no son nada con todo lo que hay disponible. Ninguna es la otra y, sin embargo, las dos son necesarias, del mismo modo que para reaprender hay que desaprender lo aprendido. Sin aprendizaje inicial, no puede darse lo que sigue.

El peregrino va descubriendo que la belleza de fuera coincide con la de dentro, que el juicio que emite hacia fuera es el mismo que tiene para consigo. Todo confluye porque brota del mismo manadero. Acoger esta tensión es lograr resolver la paradoja aparente, es alcanzar lo liminal de un Misterio que posibilita la búsqueda y que permite reconocer esto que Hugo Mujica

---

[3] J. MELLONI, *De aquí a Aquí*, Kairós, Barcelona 2021, 146-147.

expresa tan bellamente: «Todo abriéndose en lo abierto y el misterio que en lo abierto se muestra sin revelarse, en el misterio de lo que calla en el sonar de la palabra humana o en el silencio que nos humaniza»[4].

Converger es posibilitar un encuentro entre lo que está dado en el camino y lo que vamos acogiendo con los pasos. Se trata de la relación que subyace más allá del interés particular y que es tan necesaria como la vida porque es Vida. Esa relación que vincula silencio y palabra, lo que albergamos y lo que compartimos, el éxodo que supone el viaje y el éxtasis de la cima a la que conduce toda búsqueda, lo poco conocido con tanto desconocido. Experiencia esta que da lugar a los versos que cantó san Juan de la Cruz: «Entréme donde no supe, y quedéme no sabiendo, toda ciencia trascendiendo».

¿Cómo sostengo la tensión que produce el querer y no poder? ¿De qué manera puedo cultivar el noble arte de conciliar las contradicciones internas-externas?

Es una verdadera peregrinación la comprensión que pueda darse tras la formulación de estas preguntas. Esto también conduce a una claridad

---

[4] H. MUJICA, *El saber del no saberse*, Trotta, Madrid 2014, 111.

necesaria que permite avanzar más allá de límites insospechados.

La convergencia habla de coherencia, trasparencia y autenticidad. El peregrino no es aún ningún sabio ni tampoco un santo, sino aquel que sigue en camino, que está en búsqueda de la Respuesta que agote los cientos de preguntas que le asaltan y que modulan su vida. Todo confluye cuando se sostienen las divergencias, cuando se disipa la lucha que genera la falta de aceptación de la contradicción en uno mismo. El ideal de perfección genera un nivel de exigencia que, lejos de conducirnos al perfeccionamiento deseado, crea un tirano interior que somete todo a juicio y que no entiende de benevolencia alguna. Este duro capataz nos oprime de tal modo que nos hace creer que la coherencia tiene que ver con cumplir con todos los «deberías» que llenan la mente y que construyen los cientos de creencias en las que no dejamos de mirarnos para evaluarnos.

Converger es saber que las sombras existen porque hay luz que las genera, porque hay un ser que existe, más allá del deber ser, que no entiende de avideces ni carencias. En este sentido, más conveniente y bueno sería reconocer, como bien afirma Satish Kumar, que «en el nuevo paradigma, lo deseable es lo pequeño; se da valor a la substancia, no a la medida»[5]. Este es, justamente, el regalo de toda peregrinación, atisbar que lo esencial es lo substancial, y que esto no entiende de contradicción alguna.

Compromiso

¿De qué eres capaz? ¿Cómo es el pacto que has hecho contigo mismo? ¿Qué te supone?
Para asegurar el propósito de la marcha se hace requisito necesario disponer de energía que permita la peregrinación. Ninguna etapa precedente requería de acuerdo alguno, pero ahora sí es requisito indispensable. Solo un verdadero compromiso con el peregrinaje puede conducir al alma hasta su Fuente.

Asumir este pacto con uno mismo tiene que ver con la capacidad que poseemos para validar aquello profundo en nosotros que nos profiere nuestra razón de ser. Esto, lejos de aislarnos como pudiera pensarse, nos vincula aún más con los demás, con el mundo. Si no existe compromiso alguno con uno mismo, cómo podremos adquirirlos con los otros, a los que vemos siempre como ajenos. Decía Mahatma Gandhi

---

[5] S. KUMAR, *Tierra, alma, sociedad,* Kairós, Barcelona 2014, 153.

que «los únicos males del mundo fluyen por nuestro corazón. Ahí es donde debe librarse la batalla». Atendernos conlleva siempre atenderlos, atendiéndonos a nosotros atendemos a los otros; resolviendo los conflictos internos, vamos resolviendo los externos. Confucio, en relación a esto, expresaba sabiamente:

Si existiera rectitud en el corazón,
habría belleza en el carácter.
Si hubiera belleza en el carácter,
existiría armonía en el hogar.
Si hubiera armonía en el hogar,
existiría orden en la nación.
Si hubiera orden en la nación,
habría paz en el mundo.

No hay camino interior que no conduzca al compromiso exterior, no hay viaje espiritual que no abra el corazón y genere mayor compasión. El peregrino no es alguien que busque un tesoro para sí, sino aquel que buscando lo que anhela se va transformando progresivamente y, porque se desarrolla, va comprendiendo la vida desde una nueva lucidez benevolente.

Vivir desde el peregrino que somos además nos ayuda a tomar conciencia de que el camino también es un regalo. El compromiso habla de ello igualmente, pues nos hace enfocar la conciencia para lograr que la exigencia no se sobreponga a la manera de vivir, sino que permita reconocer la oportunidad que supone transitar el camino con un Horizonte claro, sabiendo que son muchos los peregrinos que hacen camino.

¿Con quiénes transitamos la vida? ¿Qué supone estar junto a otros que también poseen su anhelo? El Viaje se hace solo, pero no vamos solos. Los demás también responden a su llamada a su manera, desde lo que son. Su presencia también es siempre un estímulo para el propio camino. Precisamente porque otros encontraron sabemos que nuestro empeño tendrá éxito, aunque no sea objeto de portada de ninguna revista de renombre. Solo la dedicación consciente y libremente asumida garantizará la llegada del peregrino.

Es fácil darse cuenta de que nuestros días se caracterizan por una intolerancia generalizada a la frustración. Esta tiene que ver con las pocas oportunidades que hemos tenido de asumir la confrontación que la vida nos genera cuando algo no acontece como uno quisiera. Solo quien se ha visto en esta situación de manera repetida puede descubrir el regalo encubierto que trae el sufrimiento: el desarrollo de una persistencia esperanzada, la transformación profunda de la conciencia. Al final, se alcanza lo deseado cuando uno no abandona, persevera y sortea toda suerte de dificultades. Obviamente no estamos aludiendo a nada que podamos situar en la esfera material de la realidad, sino de eso otro espiritual, profundo, hondo, que tiene una estrecha relación con la Razón que motivó el peregrinaje.

El peregrino es también un paso más que necesario para alcanzar otros modos de realizar la búsqueda. Incorporar lo aprendido es requisito imprescindible, si deseamos ahondar más e ir conformándonos con menos. Anunciábamos que el itinerario es en espiral y que lo dicho puede regresar una y otra vez, pero no debemos obviar que el lugar en el que estamos es radicalmente distinto respecto al inicio. No se trata, por tanto, de aprender a ser un buen peregrino, sino sencillamente de ser. Justo hacia ahí mismo continua este viaje.

CAPÍTULO 5

El discípulo

¿De qué o quién te sientes discípulo? ¿Cuál es tu disciplina espiritual? ¿Hacia dónde te encamina?

Si el peregrino era aquel que se dirigía hacia un lugar sagrado que sentía que podía dar respuesta a su búsqueda, el discípulo es el que peregrina hacia su centro con dedicación, entrega y disciplina. El viaje es ya más interior que exterior. Más aún, el afuera apenas llega a condicionar nada de la búsqueda, pues sabe que la cuestión se debate dentro, es un tema del alma que ansía el encuentro con su Señor, con el Amado, con el Misterio.

El discípulo va a seguir profundizando en el oficio de preguntarse, focalizando su interés en preguntas que le ayuden a ejercitarse mejor en la práctica espiritual con objeto de ir soltando lo superfluo. Tiene ya la seguridad de que nada exterior colmará su interior, por lo que el camino pasa por integrar lo que va descubriendo gracias al combate espiritual en el que se ve inmerso. Esta lucha, propia de todo viaje interior, se podrá afrontar por puro amor. Este es el fundamento desde donde todo discípulo asume el discipulado al que se ve llamado.

Hemos hablado de lucha, aunque también podríamos haber mencionado la tensión interna que experimenta aquel que se siente aprendiz. Tirantez que tiene que ver con la experiencia que irá adquiriendo cada vez que vaya ejercitándose en el noble arte del desapego. Soltar nunca es fácil, pero menos cuando tras ello hay dependencias que no han sido reconocidas ni, por tanto, redimidas.

> Cuando para el alma del sereno discípulo,
> sin más Padre que imitar,
> la pobreza es un éxito,
> es poco decir que el techo se ha perdido:
> ni siquiera tiene una casa[1].

Abandonarse al Camino supone vivenciar esta pobreza que señala el poema. Pobreza que no es carencia, sino el reverso de una abundancia que irá colmando la búsqueda donde la felicidad tendrá mucho que ver con lo buscado

---

[1] T. Merton, *Collected Poems,* New Directions, Nueva York 1977, 279.

pues, no hay que olvidar que fuimos creados para un gozo, una plenitud que espera ser conquistada o, mejor dicho, que deberá ser descubierta, acogida.

La actitud discipular en este nivel vamos a indagarla, entre muchas otras posibles, en base a otras tres ideas esenciales que la definen: el desapego, la bendición y el hogar. Estas no solo apuntan hacia la dimensión purgativa del viaje, sino que comienzan a arrojar luz, a iluminar el sendero con nuevas comprensiones y experiencias.

Desapego

¿Qué cuesta más soltar? ¿Cuáles son los asideros que ofrecen una falsa seguridad y control? ¿Qué hay que aprender a dejar?
El libro del Éxodo recoge una experiencia radical respecto a esta idea sobre la que vamos a ahondar:

Cuando el Señor vio que se acercaba para mirar, le llamó desde la zarza: «¡Moisés! ¡Moisés!». Él respondió: «Aquí estoy». Dios le dijo: «No te acerques; quítate las sandalias porque el lugar que pisas es sagrado» (Éx 3,4-5).

El discípulo es como Moisés, quiere conocer a Aquel que le llama dentro, pero para que esto sea posible tiene que reconocer que está en tierra sagrada y, a continuación, descalzarse, desapegarse, despojarse. Pero realmente y sorprendentemente es al revés, el proceso pasa por el desasimiento, esto es, quitarse los zapatos para lograr advertir cómo es la tierra que se pisa, el alma desde la que vivimos.

Obviamente no nos estamos refiriendo a algo exterior, sino a todo aquello de nuestra interioridad –espacio sagrado– que, para poder habitarlo, tenemos antes que comprender que todo cuanto hemos ido acumulando sobra. Todo lo innecesario hay que dejarlo atrás, es como cambiar de piel o pelaje para permitir que emerja lo nuevo. En muchas ocasiones, lo primero que hay que abandonar son las sugerentes y aparentes certezas que ofrece la comodidad. De lo que hay que desprenderse es de todo aquello que pudo ser durante mucho tiempo incluso algo esencial en nuestra vida, como les sucede a los ciervos con sus cornamentas, pero que en cierto momento ya no les sirven. Quizá puedan ser las pretensiones que se tuvieron, los delirios de grandeza, un modo de entender la belleza, una necesidad de validación, cierto tipo de pertenencia...

Lo que nos impide reconocer lo que andamos buscando tiene que ver con lo indicado y otras tantas cosas que nos vuelven miopes. Suelen ser nuestros pensamientos limitados, y la dependencia de ellos es lo que no nos permite reconocer la dimensión trascendente de lo obvio, la transparencia como epifanía de un Misterio que está presente por doquier.

«Cristo, siendo de condición divina, no consideró como presa codiciable el ser igual a Dios. Al contrario, se despojó de su grandeza, tomó la condición de esclavo y se hizo semejante a los hombres» (Flp 2,6-7). En este pasaje, Pablo usa una imagen del «vaciamiento» (en griego, *kénosis)* que ha impactado en la espiritualidad cristiana. Este tema, que está conectado con la autonegación de la que habla Jesús, pone el acento en la necesidad de soltar lastre para elevar la conciencia. Son muchos los pesos que impiden el ahondamiento o, si se quiere, el desarrollo. Este abajarse pasa por la experiencia real y concreta de la humildad, ya que, como bien dijo la madre del desierto Sinclética: «Así como es imposible construir un barco sin clavos, tampoco puede ser uno bienaventurado sin la humildad».

Janet P. Williams comenta que son muchas las capas que hay que quitarse: «Morales –hábitos y acciones–, volitivas –deseos y decisiones–, intelectuales –ideas y conocimientos–, psicológicas –patrones de pensamiento y confusión sobre nuestra identidad– y espirituales –los falsos dioses culturales asumidos sin espíritu crítico, así como el bagaje y los restos de las etapas anteriores de nuestro viaje espiritual–»[2]. El trabajo requiere compromiso, como ya se le pedía al peregrino, y entrega disciplinada. No se trata de algo que uno, simplemente porque lo nombra ya lo ha resuelto, sino que precisa de una insistencia penitente radical y lúcida que termine siendo liberadora. Todo viaje del alma hacia Dios, esto es, toda búsqueda, precisa de una preparación disciplinada que sea capaz de ser conjugada con la gracia que adviene, con esa bendición misericorde con la que Dios mismo nos alienta.

Hay una paradoja que es bueno mencionar aquí para, además de tenerla en consideración, saber que uno va por buen camino: este proceso de desasimiento afina la atención logrando advertir lo esencial, esto es, que es perdiendo –lo superficial– como se gana –lo fundamental–. Justamente aquí hallamos lo que andamos persiguiendo.

---

2 J. P. WILLIAMS, *Un Dios que es siempre más*, Sígueme, Salamanca 2021, 57.

¿Qué imposibilita el desprendimiento necesario?
¿Qué gano si pierdo?
El camino continúa después de lograr aprender
a despojarnos de todo lo que enturbia el corazón
y nos deja más en actitud demandante que be-
nefactora. Hay ídolos, creencias y prejuicios que
limitan la visión imposibilitando la compasión
necesaria. Aprender a perdonarnos para perdo-
nar, aprender a cuidarnos para cuidar, este es el
camino del desapego que no limita, sino que
ensancha y ahonda el alma.

Ascesis

¿Qué ejercicios me vienen bien para acogerlos como
disciplina? ¿Cómo iniciar el camino de la oración,
la meditación o la contemplación?
Para lograr lo anterior se hace necesario el ejercicio espiritual. De hecho, la palabra *ascesis* apunta
directamente a esto, a un entrenamiento, y no a
una práctica en clave de mortificación o expia-
ción de toda suerte de culpas. Se halla más bien
en línea con la *devotio moderna,* donde cobraron
mucha fuerza valores como la humildad, la obe-
diencia y la sencillez de vida.

La ascesis es en sí misma el verdadero viaje
de la fe en su aspecto práctico. Este viaje, que es

el de toda búsqueda, se ha percibido como tal porque uno va advirtiendo que los paisajes van cambiando o, más bien si se prefiere, uno mismo va transformándose y ya nada se percibe del mismo modo. Uno atesora vivencias profundas que va incorporando a su vida de tal suerte que su manera de pensar, actuar, hablar e, incluso, orar, van cambiando.

Una nota significativa que puede ayudar es advertir que conforme uno va ahondando en la vida, afinando su búsqueda, profundizando en el viaje interior, cada vez se siente más distante respecto a todas las cosas por las que antes se preocupaba. Esta distancia no tiene que ver con despreocupación o indiferencia, sino con la capacidad de reconocer qué es lo verdaderamente importante frente a otras tantas cosas que ya no lo son. Es como si los intereses más egoicos hubieran pasado a un segundo o, incluso, tercer plano.

El camino, decíamos, pasa por la práctica del silenciamiento, de la oración pura. Obviamente, el silencio va mucho más allá del hecho de no hablar, pues apunta hacia una experiencia liminal que fecunda toda la vida. Se trata del cultivo de una atención amorosa hacia la interioridad donde se advierte una cálida presencia que va más allá de uno mismo, donde además es posible descubrir que, a diferencia de nuestra época, no somos causa de nosotros mismos. Atención que debe ser intencionada, focalizada, pues las distracciones asaltan una y otra vez raptándola por medio de toda suerte de ensoñaciones, imaginaciones, recuerdos o preocupaciones de todo tipo. Cuando esto se da con mucha amabilidad y sin exigencia alguna, el individuo hace regresar la atención hacia esa experiencia que supone el hecho de estar presente aquí y ahora, justo donde Dios puede propiciar el encuentro.

Para facilitar este descenso al mundo interior, a esa tierra silenciosa o caverna del corazón, es bueno ayudarse de algo que pueda servir como apoyo. Lo más sencillo, lo esencial, es la respiración que, curiosamente, es eco y recuerdo del *ruah* de Dios que ya aparece en el Génesis como dador de vida. Hacer que regrese nuestra atención amablemente a la inspiración y espiración nos sitúa en el presente donde solo se puede intuir la presencia en Dios. Esta oración sencilla, en un segundo momento y para proferirle otro anclaje, se puede acompañar de una palabra sagrada que tendrá un poder transfigurador que excede lo imaginable.

En última instancia, se trata de poner la mente en el corazón, olvidándose uno de sí mismo para que Dios se diga en uno y la persona quede unificada y presente, anonadada. Esto es lo que muchos han venido a llamar *contemplación infusa,* algo que se da en la intimidad de forma cálida y amorosa. San Juan de la Cruz advirtió al respecto: «Aprended a estaros vacíos de todas las cosas, interior y exteriormente, y veréis como yo soy Dios»[3].

Todo esto no es más que una dimensión de las muchas que tiene la ascesis. Caer en la cuenta de las cosas con las que nos distraemos también es un buen ejercicio, más aún si logramos entrenar nuestra voluntad para la renuncia de las mismas. La condición de discípulo requiere, como decíamos, de una entrega y un compromiso con respecto a la búsqueda que no son negociables ni prescindibles. Hoy en día, con la cantidad de estímulos y la celeridad que le hemos imprimido a la vida, hay que asumir nuevos rituales que nos permitan el acceso a lo sagrado y nos saquen de la insalubridad de la rutina. Que nos ayuden a salir de las meras elucubraciones sobre las cosas para que podamos consagrarnos radicalmente, como decía el sabio Ramana Maharshi, «aquí y ahora a la búsqueda de la Verdad que está por siempre dentro de ti»[4].

---

[3] *Subida del Monte Carmelo* 2, 15.5.
[4] R. MAHARSHI, *Enseñanzas espirituales,* Kairós, Barcelona 1983, 119.

¿Qué has descubierto hasta ahora? ¿Hacia dónde te conduce? ¿Cuáles son las mayores dificultades?

El discípulo poco a poco irá descubriendo que su búsqueda espiritual no le va a conducir a nada concreto; que atrapar, pues, su objetivo, que se empieza a intuir, es la realización de quién es en realidad y, en consecuencia, de lo que ya es. La ascesis le ayudará a comprender que lo que cree ser es una mera atadura del pensamiento que desea nombrarlo todo para tenerlo bajo control.

Hogar

¿Cuál es mi verdadera patria? ¿En qué lugar de mí tengo puesta mi morada?

La ascesis, ya sea aceptando lo que nos distrae, los apegos o el tipo de meditación, conduce al reconocimiento de un nuevo lugar dentro de nosotros mismos, ese santuario interior que albergamos, ese cuarto al que se refiere Jesús de Nazaret y desde el que podemos relacionarnos con Dios.

Ese lugar se convierte en el centro de nuestro propio mundo interior y, por tanto, en el centro de todo el mundo, pues la interioridad nos pone en relación, el espacio en el que somos nombrados nos vincula en tanto que nos humaniza y nos hermana al mismo tiempo.

Del mismo modo que existen diversas formas de aproximarse a la tierra, de sentarnos en el suelo, también las hay de habitarnos, de sentir que el hogar que disponemos fuera es, de algún modo, proyección de aquel otro que hemos logrado auscultar, cultivar y vivir dentro. En múltiples ocasiones nos sucede que actuamos respecto a nuestro «cuarto interior» (Maestro Eckhart) del mismo modo a como en Occidente nos sentamos: mediante sillas, butacas y todo tipo de sillones que, buscando la comodidad, esto es, desconectándonos de la tierra. Desde arriba nos creemos altivos respecto a lo que vemos, desdeñando así aquello que no se percibe a simple vista, porque hay que adentrarse indefectiblemente más adentro. La casa se vislumbra desde fuera, pero solo el hogar se percibe desde dentro, cuando logramos comprender que nuestra condición humana *(humus, humilitas)* es el otro lado de la condición divina. Esto que somos es lo que las dos caras son a una hoja de papel.

Cuando logramos, como buenos discípulos que asumen su vulnerabilidad, llegar hasta ese espacio interior, podemos experimentar en qué consiste la amable experiencia de ser esa tierra sagrada que se reconoce tras descalzarse. Esa vivencia nos aproxima al lugar donde el Misterio se descubre tímidamente, pero se intuye plenamente. Hay que ser ese lugar donde puede acontecer el encuentro que logre marcar un punto y seguido en la búsqueda, que transforme en hogar nuestro corazón.

Entrar cada vez más adentro, recorrer cada vez más camino en este viaje interior, permite además que sintamos que hemos alcanzado nuestro sitio, ese centro que permite que hallemos verdaderamente nuestro lugar en el mundo. Espacio al que ya no nos sentimos atados, sino que es el mejor enclave para irradiar lo que se vive dentro. El siguiente paso consiste en no habitar ese lugar, sino en serlo para Dios y, en consecuencia, para los demás.

El hogar que somos de veras conecta con la experiencia de la bondad, pues este se convierte en espaciosidad donde el don que somos queda descubierto para ser compartido. Afirma Lao Tse:

La bondad suprema es como el agua
que todo lo nutre sin comprenderlo.
Se contenta con los lugares inferiores
que la gente desdeña[5].

---

[5] Lao Tse, *Tao Te Ching*, Gaia, Madrid 2021, n. 8.

¿He descubierto cómo es mi morada interior cuando habito el silencio? ¿Qué voces se escuchan, qué presencia descubro?

En este hogar que queda abierto se puede advertir el don que uno es, que se erige desde el estar, no desde lo que se cree tener. Compartimos solo lo que somos, el resto es una impostura mal aprendida en una sociedad en la que impera el derecho a tener cuanto más mejor. Decía Nicolás de Cusa, allá por el año 1440, que «cada cosa debe ser aquello que es de la mejor manera que puede serlo», aunque esto solo pueda acontecer cuando se dé el reconocimiento profundo de lo que somos en lo profundo del corazón.

La actitud discipular y la mirada del discípulo una vez purificadas se van iluminando y van trasparentando más luz, una calidez en la mirada que va apaciguando cada vez más el corazón. Desde ahí se empieza a sospechar que el Misterio tiene más que ver con uno mismo de lo que jamás pudo imaginar, que Dios propuso el deseo esencial de la búsqueda para regresar a la tienda del encuentro. Esta experiencia va desplegando sorpresivamente un nuevo nivel, un nuevo estadio donde el buscador, cada vez menos ansioso y carencial, comienza a entrever la ignota Meta. Solo desde ese no-lugar se pueden comenzar a hacer propias estas bellas palabras de Thomas Merton:

¡Oh Dios! Somos uno contigo. Tú nos has hecho uno contigo. Tú nos has enseñado que si permanecemos abiertos unos a otros tú moras entre nosotros. Ayúdanos a mantener esta apertura y a luchar por ella con todo nuestro corazón[6].

---

[6] T. MERTON, *Diario de Asia,* Trotta, Madrid 2000, 281.

III

EL ARTE DE PREGUNTARSE

CAPÍTULO 6

El maestro

¿Reconoces lo que has aprendido? ¿Intuyes lo que te queda por aprender? ¿Qué haces con lo que sabes? Con la figura del maestro comienza esta tercera y última parte, de este elogio espiritual de la búsqueda, que he pensado llamar *el arte de preguntarse,* pues ya no se trata de una tarea obligada que llevar a cabo, ni tan siquiera un oficio que desempeñar para lograr una mayor realización, sino que es un arte, una destreza adquirida gracias a la síntesis resultante entre lo buscado, lo hallado y el propio buscador o, si se quiere, entre lo recibido, lo alcanzado y lo logrado. Es la consecuencia de un proceso de aquilatado que está más allá de los esfuerzos personales. Ahora se comienza a disfrutar de lo que hay, de lo que se comienza a ser: descanso gozoso en Dios, en el Ser donde se es.

La actitud y el momento del maestro no es algo por conquistar, sino una experiencia que se va dando sin que sea forzada. No se trata de un docente que imparte una materia, sino de esa situación que acontece cuando se comprende que lo aprendido no puede guardarse para uno mismo. La maestría se percibe sin que tenga que ser anunciada a bombo y platillo, pues es la consecuencia natural de un proceso conjunto entre lo que se está buscando –el trabajo personal de autoconocimiento– y lo que se va encontrando –la dádiva que adviene, la gracia que está más allá de uno mismo–.

Continuar la búsqueda desde este nivel tiene que ver con advertir, en primer lugar, que no existe ya ansiedad alguna para llegar, sino que se van dando pasos disfrutando plácidamente del camino, saboreando el saberse habitado. Esta otra cadencia desarrolla una conciencia espontánea de agradecimiento que incluye a todos y a todo. Una conciencia que permite ir reconociendo la unidad en la diversidad.

Se preguntaba Theodore Roethke: «¿Qué es lo que agita el ojo sino lo invisible?». Desde la actitud del maestro, lo invisible, de manera intermitente, va conquistando la mirada con una delicadeza que no era posible hasta este momento del viaje. Ya no hay inquietud, ahora la serenidad es el modo de vivir que comienza a ser más palpable, propiciando un recogimiento que ayuda a ahondar más el camino, que unifica lo espiritual con lo cotidiano. Afirma el anónimo de *La nube del no-saber:* «El ejercicio espiritual no es ningún obstáculo para tu trabajo diario. Puedes seguir con tu trabajo del día a día y al mismo tiempo dirigir tu entera atención a la oscura percepción de tu ser, que está unido al ser de Dios. Puedes comer, beber, dormir, velar, ir, venir, hablar, escuchar, estar tumbado, levantarte, arrodillarte y comer, cabalgar, trabajar y descansar».

Apertura

¿Cómo es esta nueva actitud desde la que puedo vivir? ¿Qué supone para mi vida estar más abierto, abarcar más realidad?
La apertura que alcanza a vivir el maestro es consecuencia de una presencia que se torna en hermandad profunda, pues estar abierto es consecuencia de desvelar el propio hogar para acoger el don que se está dando cada vez. Abrirse es la consecuencia de un recogimiento, resolución de una paradoja que está en otra lógica que apenas logramos comprender. Decía el Maes-

tro Eckhart en su sermón 20, *Homo quidam fecit ceam magnam:* «El alma, cuanto más se ha recogido, tanto más angosta es, y cuanto más angosta, tanto más ancha»[1]. Anchura que podemos conjugar con la altura porque ambos son sinónimos del desarrollo y expansión interior de la conciencia en los que Dios se va descubriendo y desvelando.

Esta disposición receptiva ha supuesto todo el desmontaje de la actividad tradicional del yo, pues ha logrado que las demarcaciones que limitaban lo que uno creía ser se hayan desdibujado permitiendo la emergencia del yo verdadero, hecho según el relato bíblico a imagen y semejanza de Dios, pues dice san Juan de la Cruz que «lo que pretende Dios es hacernos dioses por participación, siéndolo Él por naturaleza»[2].

Abrirse requiere seguir aprendiendo a soltar para poder acoger, también saber olvidar para poder abandonar las amarras que constriñen la libertad que otorga la verdadera espaciosidad al alma:

Hay que aprender el olvido:
morir a lo que ya no vive

---

[1] W. JÄGER, *Contemplación, un camino espiritual,* Narcea, Madrid 2013, 47.
[2] *Puntos de amor* 28, 2.28.

y dejar atrás
al que ya fuimos
porque solo en lo que no es
podemos ser lo que aún
no somos[3].

Preguntarnos en esta ocasión por el porqué de esta espaciosidad es querer controlar la experiencia que solo tiene sentido cuando la mirada permea compasión y localiza a quién atender. No hay un porqué, solo es don recibido en ese no-lugar u hondón del alma, como lo llamó el místico Juan Taulero. Se trata de estar y de ser al mismo tiempo más allá de las circunstancias externas. Como la flor del poema de Angelus Silesius: «La rosa carece de un porqué. Florece porque florece. No se preocupa de sí misma ni se pregunta si alguien la mira».

A mayor hondura, mayor apertura y, como dijo san Bernardo, «a mayor interioridad, mayor dulzura». Vivir desde dentro es permitir que otra vida se muestre fuera; lo de ahí y lo de aquí se dan la mano en una armonía indistinta, hermosa. Desde este no-lugar, porque no podemos señalarlo en el mapa, pero no por ello carece de un vasto territorio, el discurrir de los días

---

³ H. Mujica, *A las estrellas lo inmenso*, Visor, Madrid 2019, 45.

goza de una sencillez pasmosa que sortea toda suerte de sobresaltos porque ya se ha aprendido a no reaccionar frente a las circunstancias, sino que el modo de atender la realidad se desarrolla mediante respuestas que gozan de calma. Tal vez esto lleve a pensar que la persona se ha vuelto impasible y que la vida carece ya de emocionalidad alguna, pero nada más lejos, pues la emoción está más presente que nunca, pero sin que llegue a arrastrar.

La intimidad que habita y desde la que vive el maestro no está ya circunscrita a las dedicaciones y deseos exteriores, como lo estaban al principio de la travesía interior, sino que goza de otra cualidad. Puede suceder, y esta es otra paradoja más del viaje, que uno tenga la sensación de que la vida se ha echado a perder porque ya no se está en la lógica del mundo exterior e, incluso, que se ha dejado de progresar –lo cual ya indica la pervivencia que el ego tiene aún en este nivel– o de estar retrocediendo. La razón de esto radica en que ya no son los esfuerzos personales los que llevan la voz cantante, sino que es la acción de Dios en nosotros la que obra en la oscuridad, es decir, sin que nos demos cuenta de cómo ni cuándo, como ese viento que sopla y que no sabes de dónde viene ni a dónde va (cf Jn 8,3).

¿Me dejo hacer o necesito saberme reconocido como viajero del camino? ¿Qué posibilita como novedad la apertura?

Al final, aunque el maestro ya pertenece a una fase del proceso que concilia lo iluminativo con atisbos de lo unitivo, todavía requiere dar pasos al tiempo que se deja conducir por lugares cada vez más singulares, extraños y sorprendentes.

Al maestro le ayuda sobremanera saber que el modo que posee de experimentar ese amor de Dios, que calma el anhelo, es la apertura de la que goza su alma. Cielo abierto en el corazón que logra que las aparentes frustraciones y desconciertos no sean más que trabajos que se están desempeñando en el interior a pesar de uno mismo. Un cielo abierto estrellado, pero en medio de la noche más oscura, que solo permite intuir la esperanza que brota del saberse en manos de Aquel de quien llegó la llamada, de una fe que alumbra.

Aquí y ahora

¿Dónde te encuentras ya? ¿A dónde deseas ir aún? ¿Hay algo que todavía te falte?

El maestro aún tiene que ejercitarse en el estar presente, en habitar el aquí y ahora. Es cierto que su atención apenas divaga, como sí ocurría en las etapas precedentes, pero requiere seguir volviendo a su centro cada vez que logra darse cuenta de que fue expulsado del mismo. Su capacidad para reconocer su exilio es mucho mayor ahora que entonces.

Esta experiencia de estar donde se está conlleva seguir madurando en el noble arte de la aceptación. Dag Hammarskjöld afirmaba esto mismo: «El presente está lleno de valor gracias a su contenido, y no como puente hacia el futuro. Su contenido es nuestro contenido en el presente, lo que colma nuestro vacío si somos capaces de aceptarlo»[4]. La acogida, que se supone lleva consigo un tesoro, es capaz de calmar la sed hasta niveles insospechados; además de proferir una felicidad que, aunque no nos pertenece, sí reside en cada uno.

Con demasiada frecuencia nos ausentábamos de la realidad en las etapas anteriores donde el pasado y el futuro cobraban un valor estimable, dejando al tiempo presente como facilitador de aquellos. Ahora lo importante es justamente esto: el ahora. Pero no un instante inmediato que enajena la vida llevándola a la despreocupación absoluta, sino como la única oportuni-

---

[4] D. HAMMARSKJÖLD, *Marcas en el camino*, Trotta, Madrid 2009, 80.

dad para asumir conscientemente lo que se es y dónde se está. Lo que fue tiene valor en este preciso momento no por el anecdotario que podemos recordar para que no caiga en el olvido, sino porque ayuda a comprender quiénes somos ahora, dónde estamos y cómo vivimos; siendo, por tanto y ante todo, aprendizaje. Y el futuro, lo que podrá llegar a ser, solo es posible desde las decisiones que hoy adoptemos, desde la vida que hoy vivamos, desde la actitud agradecida que cultivemos, desde esa responsabilidad comprometida que asumamos.

El maestro es capaz ya de acoger desde el agradecimiento, consecuencia de vivir lo que vive, de vivir desde donde se encuentra. Ya no desea cambiar nada a toda costa porque percibe el mar, la realidad, desde sus distintas playas. Su mirada ensanchada, abierta, acoge sin rechazar, reconoce y valora lo dado, aunque en ocasiones pueda experimentar cierto sufrimiento. Aún no es un sabio ni un santo, pero sigue ejercitándose para lograr abrazar la tensión interna que se desata cuando los opuestos aparecen, como suele suceder cuando entran en litigio el cómo se dan las cosas y el cómo le gustaría a uno que fuesen. Nicolás de Cusa expresó muy bien lo que en el corazón no siempre está del todo claro, esto es, que todos los opuestos coinciden en Dios.

La capacidad que va desarrollando el maestro para estar en el aquí y ahora también le brinda múltiples ocasiones para vivenciar lo que Abraham Maslow denominó *experiencia cumbre*. Esta solo puede acontecer en el presente y, cuando irrumpe en la interioridad, la persona experimenta que todo posee sentido junto a la vivencia de una plenitud y santidad universal que la lleva a sentir que todos nos pertenecemos, que hay un vínculo estrecho y profundo que nos hermana con el Origen, con la Fuente, con Dios.

¿Has saboreado alguna vez una experiencia de este tipo? ¿Qué tienes a mano que pueda dejarte a las puertas de que se siga dando?

La presencia en el aquí y ahora no es algo que pueda manejarse ni manipularse, ya que requiere atención y, por ello mismo, se está o no se está, se acoge o se rechaza, se agradece o se exige. Solo cuando vamos más allá del entendimiento y abrazamos la sabiduría que supone todo conocimiento que está empapado de vida, podemos reconocer el mensaje profundo que brinda todo instante: la Vida es solamente todo.

El aquí y ahora precisa, por tanto y como hemos indicado, de un ejercicio atencional consciente pues solo de este modo se está presente, solo de esta manera el maestro queda expuesto a que en él pueda darse el despertar.

Despertar

¿A qué se despierta? ¿Qué puede irrumpir en uno mismo que posee más claridad de lo que ya comprende? ¿Cómo es esta nueva mirada?
El maestro despierta cuando reconoce que andaba dormido, el maestro se volverá sabio cuando reconozca su ignorancia. Para ello no debe huir, sino seguir abrazando en sí mismo toda la amplitud que la vida posee. Precisa estar atento desde donde se halla:

Una vez preguntaron a un rabino por qué, a pesar de sus múltiples ocupaciones, era capaz de estar tan sereno, a lo que contestó:

—Cuando estoy de pie, estoy de pie; cuando ando, ando; cuando estoy sentado, estoy sentado; cuando como, como; cuando hablo, hablo.

En este punto sus interlocutores le cortaron diciendo:

—Eso también lo hacemos nosotros; pero aparte de eso, ¿qué más haces?

Y de nuevo dijo:

—Cuando estoy de pie, estoy de pie; cuando ando, ando; cuando estoy sentado, estoy sentado; cuando como, como; cuando hablo, hablo...

Otra vez dijo la gente:

—Eso mismo también lo hacemos nosotros.

Pero él les dijo:

—No, cuando estáis sentados, ya estáis de pie; cuando estáis de pie, ya estáis corriendo; cuando corréis, ya estáis en la meta[5].

Este cuento, que bien podría haber sido colocado con la idea desarrollada anteriormente, también está bien ubicado aquí porque desvela la conciencia del rabino y la ignorancia de sus interlocutores. Ante lo obvio, que solo se reconoce cuando se está allí, se despiertan toda una serie de desconfianzas que ponen al descubierto que no estamos donde estamos, sino donde creemos estar, en nuestros supuestos, en los parámetros desde los que evaluamos la realidad.

Despertar supone desvelar la verdad que es la realidad cuando esta irrumpe en nuestra conciencia, en nuestro mundo interior, cuando se hace hogar, posibilidad de Encuentro. Para que esto suceda debemos caer del caballo, como san Pablo, pues así puede darse el encontronazo que anhelamos, la oportunidad de gustar la meta que buscábamos.

En su obra *Libro de las horas* expresa sabia y bellamente Rilke:

---

[5] W. Jäger, *En busca del sentido de la vida*, Narcea, Madrid 2007, 143-144.

Qué segura la ley de la gravedad,
fuerte como una corriente del océano,
se apodera aun de la cosa más pequeña
y la empuja hacia el corazón del mundo…
Esto es lo que las cosas pueden enseñarnos: a caer.
Pacientemente a confiar en nuestro peso.

Lo que señala el poeta tiene que ver con abrir los ojos del alma, con despertar. No se trata de caer para levantarnos sobre lo mismo, sino para, ampliando la mirada dejar que el fondo del alma se expanda, gustar de esa plenitud deseada. El maestro ha aprendido, por tanto, a soltar todas las imágenes que limitaban su mirada y, en este sentido, también ha despertado a una confianza que va más allá de sí mismo.

¿En qué momento te encuentras ya del camino?
¿Qué has aprendido que aún no has compartido?
Lo que no se asume se pierde y lo que no se comparte también se diluye. El mayor logro pasa por descubrir –y por tanto despertar a– que nada tiene sentido alguno, si no es para los demás. Esto es justamente lo que caracteriza la actitud y la mirada del maestro. Lo aprendido no puede estancarse en uno mismo porque, de lo contrario, se pudriría como le sucede al agua, pues está para dejar que fluya hacia los otros.

¿De qué serviría llegar a la cima de una montaña, si uno no baja para compartir esa alegría y acompañar el ascenso de otros? La alegría y la experiencia compartida son el logro, no el hecho de estar en lo más alto.

Este itinerario que hemos propuesto como una dinámica en espiral donde nos reencontramos con nosotros en cada nivel, pero de forma diferente, tiene un Final. Este no depende de nosotros, está en otro lugar porque posee una cualidad diferente. Descubrirnos en él será lo propio de aquel que ha logrado acrisolar todo el conocimiento en una sabiduría sencilla y profunda. Esto será lo próximo que desarrollemos, cuando descubramos tres grandes ideas que caracterizan la última de las etapas.

CAPÍTULO 7

El sabio, el santo

No hay más preguntas más allá de la viva presencia de existir.

El sabio santo o el santo sabio, la sabiduría santificada o la santidad sapiencial, es el último de los niveles, de las actitudes desde las que abordar la búsqueda, la última de las etapas donde el buscador, la búsqueda y lo buscado se hacen uno, se unifican en la única Realidad, en Dios. Aquí sobran las preguntas y la exigencia angustiosa que muchas veces ellas conllevan, porque solo existe la experiencia radical de la Respuesta. Todo es ya pura Respuesta.

El sabio es en Oriente lo que el santo en Occidente. Esta sabiduría no se comprende en sentido griego, sino desde la cosmovisión oriental donde precisa de una realización última, una iluminación o, dicho en el lenguaje cristiano, una experiencia beatífica o *théosis,* divinización. Es obvio que esto puede llevar al error de pensar que una persona que ha alcanzado este estadio se encuentra alejada de todo el mundo, apartada o retirada exteriormente, pero más bien es justamente al contrario. Una persona realizada, lograda en su esencia, cristificada, es aquella que, más allá de donde viva y de cuál sea su profesión, se encuentra en sintonía con la realidad, comprendiéndolo todo desde la misma sabiduría vital que irradia.

Decía el afamado físico Albert Einstein que «la cosa más bella que podamos experimentar es el misterio». Y esta es justamente la vivencia que se tiene aquí, la de andar bajo el amparo de una Presencia amorosa desbordante que no puede más que ser compartida. El santo no tiene experiencia de Dios en una suerte de cumbre en la que desea instalarse, como fue la tentación de los discípulos en el monte Tabor, sino que desea descender para compartir lo que es. En el fondo se trata de compartir un Pentecostés, una vida nueva que emerge de dentro hacia afuera. Una Vida que ha supuesto la experiencia de morir antes de morir, de soltar al hombre viejo para que nazca el nuevo, de transformar el corazón de piedra en uno de carne.

Un monje del siglo XVII dijo: «Un hombre que muere antes de morir, no muere cuando muere», pues ha sufrido una transformación, un verdadero renacimiento. Esta es la gracia que adviene al final del sendero y que permite reconocer que el fin ya estaba en el principio, pero que era irrenunciable y necesario realizar el viaje interior.

El sabio reside en nuestro interior porque es la identidad profunda, el yo verdadero. Permitir que emerja solo es posible cuando se nos concede, nunca cuando se demanda ni se exige. Revelación rotunda que adviene y hace comprensible vivencialmente la famosa sentencia *tat tvam asi,* «Tú eres Eso», de la que tan bellamente hablaron los antiguos Upanishads hindúes.

El cultivo de las tres ideas que propongo puede ser una buena excusa para degustar el sabor del Sin-sabor, esa experiencia que acontece cuando nos quitamos de en medio y permitimos que lo verdaderamente importante sea justamente Aquel que posibilitó todo el recorrido que hemos ido transitando: origen, camino, rumbo y destino.

Presencia

Comprende que la pregunta ya no es más que un reflejo de una atención sabia que no precisa de respuesta alguna.

La palabra *presencia* ha ido apareciendo a lo largo de estas páginas y ha estado relacionada con las distintas etapas y, por tanto, llena de matices que habrán ayudado a profundizar en la realidad a la que apunta. La presencia del santo es esa que va unida al regocijo que supone el mero hecho de advertir la existencia, la constatación del sentido de la vida que es más que vivir la vida con sentido. Vida y sentido son sinónimos en la experiencia del Ser dentro del ser que somos. «Quien lo hubiere probado –dice santa Teresa sobre este mismo estado– entenderá algo de esto, porque no se puede decir más claro, por ser tan oscuro lo que allí pasa. Solo podré decir que se representa estar junto con Dios, y queda una certidumbre que en ninguna manera se puede dejar de creer»[1].

Decía Thomas Merton que «desde el momento en que el silencio es una forma de presencia, debemos comprender que la *presencia* ha de implicar también las nociones de *distancia* y *espacio,* así como los conceptos de *dignidad* e *intimidad.* La presencia no es algo que se crea con solo mezclar y amontonar a las personas»[2]. El sabio sabe estar consigo mismo y con los demás

---

[1] *Libro de la vida* 18, 14.
[2] T. MERTON, *Los manantiales de la contemplación,* Sal Terrae, Santander 2019, 40-41.

al mismo tiempo sin que halle distracción que secuestre su atención, de ahí que su presencia sea palpable cuando se está ante él. Es un modo de estar que acoge respetuosamente al otro porque es capaz de no perder el centro desde el que vive y se relaciona con todo.

En este nivel la atención ya no es divergente, sino que está focalizada, centrada porque hay una intencionalidad enérgica que brota de una voluntad fraguada. Esta manera de estar y de ser posibilita un desapego más profundo aún que el del estado del maestro, pues ya no hay necesidad de nada porque el vacío es plenitud que colma y llena sin sucedáneos. Esta vivencia deja la vastedad del espacio interior abierto a la Vida y, cuando esto ocurre, la conciencia de unidad aparece, esto es, la plenitud del hombre como cristofanía. De aquí que tenga sentido haber vivido lo que dijo el poeta T. S. Eliot:

Con el fin de poseer lo que no posees
tienes que caminar por la vía de la desposesión.
Con el fin de llegar a lo que no eres
debes caminar por la vía en que no eres.

San Juan de la Cruz dirá exactamente lo mismo en su *Monte de perfección* unos siglos antes:

Para venir a serlo todo
no quieras ser algo en nada.
Para venir a lo que gustas
has de ir por donde no gustas.
Para venir a lo que no sabes,
has de ir por donde no sabes [...].
Para venir del todo al todo
has de dejarte del todo en todo.

La presencia supone tener experiencia de eso que tan bellamente señala el santo carmelita y que conlleva un gozo calmo que erradica toda sombra de ansiedad. «A medida que aumenta la capacidad de disfrutar del momento presente, la búsqueda insatisfecha de grandiosos proyectos y metas como forma de obtener satisfacción se hace cada vez menos perentoria»[3], afirma Stanislav Grof en una de sus geniales obras dedicada a la emergencia espiritual.

El sabio es aquel que mira la realidad no ya solo desde el ojo sensorial y el ojo mental, sino desde el ojo espiritual que permite el desarrollo de un modo de conocer contemplativo. Modo que nos rescata y nos permite conocer la presencia real del Cristo cósmico, así como reconocer que lo que de verdad nos aleja de la Buena No-

[3] S. GROF, *La tormentosa búsqueda del ser,* La Liebre de Marzo, Barcelona 1995, 286.

ticia es lo mismo que nos aleja de nosotros y la naturaleza, esto es, la falta de concientización y de presencia.

La mística, que es experiencia del Misterio, nos muestra el poder sanador y transformador que posee el presente o, como lo denomina Jean P. Caussade, *el sacramento del momento presente.* En su obra *Entrega a la divina Providencia,* expresa bellamente:

> Tú buscas a Dios, pero Él está en todas partes. Todo le proclama. Todo te lo ofrece. Él estaba a tu lado, te rodeaba, te penetraba, moraba en ti... ¡y tú le buscabas! Te esforzabas por tener una idea de Dios y lo poseías de modo esencial. Corres detrás de la perfección mientras que está en todo sin buscarlo. Dios mismo va a tu encuentro en tus sufrimientos, tus actuaciones, en los impulsos que recibes. Mientras tanto, te esfuerzas en vano por ideas elevadas con las que no quiere vestirse.

Dios está en el instante, está aquí, en el presente donde solo podemos experimentarlo. Decía Angelus Silesius: «Crees que verás a Dios y su luz. Necio, nunca lo verás si hoy no lo ves».

Gratuidad

Toda la vida es don, don de lo que es. Abre los ojos y contempla, más allá de tus pequeñas verdades, la belleza entrañable e insoportable de lo Real.

Afirmaba Raimon Panikkar que «no se alcanza la salvación *soteria, moksha, nirvana,* sin previa liberación»[4] y esta tiene que ver con el despertar que irrumpió en la vida de aquel que ya era maestro. El sabio, con los ojos abiertos, está liberado de los prejuicios, las exigencias y el mirar calculador, pues tiene anclada su vida en la gratuidad pulsante que empapa la realidad. Una gratuidad que nos permite reconocer en el enunciado de Panikkar la comunión de la experiencia más allá de la diversidad terminológica.

Reconocer el don de todo puede conducirnos a descubrir el dulzor de fondo que la vida posee. Más allá de los contratiempos, de las tensiones y los sufrimientos que se viven desde la lógica estrecha de cada uno, se encuentra la constante de lo que es más allá de cómo lo juzguemos o vivamos. Esa dulzura, que muchas veces se ha confundido con una especie de sentimentalismo, apunta a una realidad que emana directamente del vocablo *dulcis* y que viene a aludir a un sen-

---

[4] R. Panikkar, *Invitación a la sabiduría,* Espasa, Madrid 1999, 128.

tido grácil de presencia sagrada, así como esa paz inusual que esto conlleva.

La gratuidad que descubre el sabio le adviene a través del asombro alegre ante la insoslayable hondura de la experiencia de vivir. Vivencia esta que despliega consecuentemente un agradecimiento profundo y sincero.

En este momento del viaje interior, o quizá estaría mejor decir «estado alcanzado», se cree conveniente reconocer el valor que desempeña el corazón para así hablar de unidad, pues ahí es donde se unen todas las facultades humanas, es el lugar simbólico donde todo confluye. Es justamente ahí donde se reconocen como una, dos realidades: la gratuidad y la plenitud. Hay un contento de fondo que posibilita el agradecimiento que no se simplifica en un «dar las gracias», sino que conduce más bien a una acción de gracias mucho más profunda que elevar la mirada al cielo que solo se descubre en los ojos de los otros. La plenitud es tal cuando acaricia sutilmente la vida de los demás.

El agradecimiento conduce al reconocimiento de una conexión honda con todo y entre todo. Es la consecuencia de dejar al corazón vivir la profundidad de lo que es dado a cada momento y que hay que aprender a disfrutar, a saborear, a gustarlo. Todo: la suave luz del amanecer, el rumor de un arroyo, la caricia del aire, la magia del fuego, el fluir del mar, la alegría sonora de los pájaros, la caricia inesperada, la mirada buena, el abrazo entrañable, el beso tierno sentido... en todo eso, y en todo lo demás, radica la Respuesta de esta pregunta vital que somos ya que «la gratitud sacraliza la existencia. La belleza está en los ojos de quien contempla y la gratitud está en el corazón de quien agradece. Quien agradece percibe la existencia como sagrada»[5].

El hermano David Steindl-Rast afirma que «lo tenemos todo; sin embargo, al comienzo no lo sabemos ni lo vivenciamos. Todo nos ha sido dado en Cristo. Lo que debemos hacer es experimentar y vivenciar aquello que ya poseemos» y, añadiría, lo que somos. Javier Melloni lo expresa poéticamente de esta manera:

Lo que aparece en el término
estaba en el origen,
pero no lo sabíamos.

Para esto venimos a la vida,
para conocerlo,
con-nacerlo,
para experienciarlo
en los diversos estratos de nuestro devenir.

---

[5] V. MERLO, *Sabiduría y gratitud*, Kairós, Barcelona 2015, 48.

Y cuando nos hemos colmado de existencia,
dejar de ser
para realmente Ser,
liberando nuestra pequeña individualidad
en el Ser total
que tiene sed de nuestra sed[6].

La gratitud es posible cuando el desasimiento es una realidad palpable constatada en el vacío fértil que fecunda nuestro interior. No somos tierra baldía, sino un jardín armónico que posibilita y acoge toda clase de encuentros donde la Vida bulle amable.

Tal vez este vacío, esta vacuidad o nada, pueda sonar a abismo, pero nada más lejos de ello, pues es más una soledad sonora que alberga la posibilidad del Encuentro, que rebasa y se deshace en gracia. Juan de la Cruz lo intuyó muy bien cuando dijo que «la perfección del amor está en la desnudez» y, como bien apunta el poeta Hugo Mujica, «es el dejar ser ante todo, ante las cosas, la vida, dios y yo: dejar que lo que es sea sin ser para mí. Es la reverencia ante la creación. Y es también el milagro del vacío»[7]. El trapense Thomas Keating también lo supo perfilar bellamente en uno de sus últimos

---

[6] J. MELLONI, *Sed de ser*, Herder, Barcelona 2013, 45.
[7] H. MUJICA, *Poéticas del vacío*, Trotta, Madrid 2002, 62.

poemas desvelando así la hondura de su propia experiencia:

> No ser nada
> consiste en ser una simple criatura.
> Este es el lugar de encuentro con el
> «YO SOY lo que Soy».
> Cuando ya no ha «yo, a mí mismo o mío»,
> solo queda el «YO SOY».
> Entonces el «YO» puede desaparecer,
> dejando solo el «SOY»,
> Dios fortalece nuestra impotencia
> para que nunca desesperemos
> del perdón incondicional y la infinita misericordia.
> Tal es la gracia de la resurrección interior,
> y la recompensa por no buscar recompensa[8].

Plenitud

En silencio, la calma susurra dentro. El gozo de la existencia palpita. La vida es un manadero de aguas cristalinas que discurren por doquier y para todos. La plenitud es la belleza irresistible del momento presente, la bondad que bendice, la verdad de la que sencillamente todo emerge.

---

[8] C. Bourgeault, *Thomas Keating, la realización de un místico cristiano moderno*, Nous, Madrid 2024, 118.

Decía el maestro Confucio:

Meng Sun ya ha aprendido el Tao.
Ha pasado más allá de la sabiduría.
Ha hecho su vida sencilla.

La plenitud tiene que ver justamente con esto, con lograr la sencillez que es consecuencia de una unidad interior, de un vínculo unitivo transformador en Dios. El haber logrado desarrollar lo que de humano nos define es resultado de una consecución. Eso que siendo profundamente humano es sorpresivamente divino, aunque no en su totalidad. Raimon Panikkar hablaba de *humanum* para referirse a «aquel núcleo de humanidad del "ser hombre" que puede ser alcanzado en tantas formas como seres humanos hay»[9].

El sabio y el santo han alcanzado este estado porque han logrado vivenciar en ellos el arquetipo del monje, esto es, aquel que ha logrado estar unificado consigo mismo, con la Naturaleza y con Dios y, por tanto, con el conjunto de la realidad cosmoteándrica, como bellamente la comprendió el propio Panikkar. Este modo de desplegar lo humano no sabe ya de alineación

---

[9] R. PANIKKAR, *Elogio de la sencillez*, Verbo Divino, Estella 1993, 27.

alguna respecto a nada, sino que solo comprende su vida desde la interrelación y, por tanto, desde la interdependencia.

Desarrollar en uno mismo esta actitud y lograr vivir en este estado sapiencial santificado requiere de esta experiencia de conexión donde el otro no está ahí para mí ni en función de mí, sino que es otro yo imprescindible para mí en tanto que es la propia relación que se establece entre ambos la que nos plenifica. Esta interdependencia nos une unos a otros mediante una suerte de lazo que tiene que ver con ese movimiento armónico necesario entre el dar y el recibir. Cada vez que recibimos algo de forma sorpresiva y agradecemos, en consecuencia, desde lo más profundo mediante un «gracias», lo que estamos diciendo en ese preciso momento es que no somos independientes, sino que estamos juntos en la asombrosa experiencia del vivir.

Esta relación solo puede darse si parte de la experiencia interior de unidad, pues desde ahí no existe nada interesado que convierta al otro en objeto, en algo útil, sino que el interés brota de la maravilla de reconocer en la diferencia la unidad de fondo. Por eso, el buscador, cuya búsqueda concluye al vivenciar que él es lo buscado, solo puede vivir para los demás desde una autenticidad que no surge de la moralidad, sino de la virtud esencial que se torna ejemplar. El sabio-santo, por tanto, ha comprendido lo que advirtió Juliana de Norwich, esto es, que «a los ojos de Dios todos los seres humanos son una sola persona y una persona es todos los seres humanos [...]. Todo es la humanidad de Cristo»[10].

Angelus Silesius decía, en relación a la oración, pero que tiene que ver justamente con esto, que «la más noble oración se logra cuando el orante se transforma, allá en lo más íntimo, en aquello ante lo que se arrodilla», justo donde «siempre queda el alma con su Dios en aquel centro», como dirá santa Teresa en sus Séptimas Moradas. Esta es, sin lugar a dudas, la realización del arquetipo de unidad del monje, pero también, y antes que este, el de Cristo: la plenitud desbordada y desbordante de lo humano.

«A cada momento te eliges a ti mismo. ¿Pero te eliges tú mismo? El cuerpo y el alma contienen mil posibilidades con las que puedes construir otros tantos "yos". Pero solo una de ellas desemboca en una entera congruencia entre quien elige y aquel al que elige. Solo una, que encuentras desechando todos los gérmenes de alguna otra cosa, que tocas con el dedo, intriga-

---

[10] J. DE NORWICH, *Libro de visiones y revelaciones*, Trotta, Madrid 2013, cap. 61.

do, atraído por tu curiosidad y tu avidez, demasiado superficial y fútil como para aferrarte a tu experiencia del misterio insondable de la vida y seguir siendo consciente del talento que te ha sido confiado y que es el "yo"»[11], expresaba con mucha lucidez Dag Hammarskjöld.

Para el sabio no hay ya elección que no implique la totalidad de su vida desaforada de todo tipo intereses. Vivir supone acoger lo que se nos ha dado desde un agradecimiento profundo que posibilita una plenitud compartida. El «yo» profundo que tiene que ver con el «nosotros» donde se vislumbra el Único Yo que posibilita todo lo demás. Este *interser,* neologismo que introdujo el maestro budista Thich Nhat Hanh, desea descubrir esta relación, esta especie de comunión de los santos, de fraternidad humana profunda, que permite reconocer que «puede ser por sí mismo, todo en el universo debe *interser* con todo lo demás»[12]. De lo que se trata, en última instancia, como dijo bellamente Evelyn Underhill, es de «llevar "la Eternidad al Tiempo", "lo invisible a su expresión concreta"; "ser para la Bondad Eterna lo que sus manos son para un hombre"»[13].

---

[11] D. HAMMARSKJÖLD, *Marcas en el camino,* Trotta, Madrid 2009, 48.
[12] THICH NHAT HANH, *Buda viviente, Cristo viviente,* Kairós, Barcelona 2008, 172.
[13] E. UNDERHILL, *La práctica del misticismo,* Trotta, Madrid 2015, 103.

El sabio-santo no sabe todo lo que sabe, pero se da desde lo que vive y esa es la luminosidad compasiva que comparte. El éxito de su búsqueda radica en la conciencia que ha ido adquiriendo con el discurrir del camino, sabiendo comprender el sentido de los pasos más allá de sus creencias y más acá de sus certezas. Ha sabido orquestar la aventura interior jugando y danzando con la vida las diversas músicas que han ido sonando en la travesía. Su viaje y su búsqueda nunca fueron para él, sino que son para que otros puedan embarcarse y surcar las distintas mareas de la vida usando para ello no solo los talentos recibidos, sino también los vientos que soplen para ellos.

Solo el que ha gustado de esa sabiduría santificante es capaz de advertir lo que afirmó el monje siriaco del siglo VII, Simeón de Taybutheh: «Ella es la Providencia divina que lo mantiene todo, que lo diviniza todo, lo perfecciona todo, lo ilumina todo, que por su perfecta bondad lo impregna todo y todo lo sostiene, que inflama todo con un ardiente deseo de unirse a la divinidad principal que se eleva por encima de todo, y que se eleva y es superior a todo lo que encuentra sus delicias en la comunión con ella. Porque esta divinidad que hay en nosotros fue sembrada en la mismísima fundación de todo lo que ha sido creado y en ella trabaja infinitamente, pues está escrito: "En Él vivimos, nos movemos y existimos"»[14].

La plenitud verdadera es una suerte de gracia que solo puede ser compartida, solo se gana cuando se da, solo se posee cuando se entrega.

El discípulo preguntó al Maestro:

—¿Qué hacía antes de la iluminación?

El Maestro le respondió:

—Cortaba leña y transportaba agua.

—¿Y después de la iluminación?

El Maestro replicó:

—Cortar leña y transportar agua[15].

---

[14] Citado por A. LOUF, *El hombre interior,* San Pablo, Madrid 2024, 219-220.

[15] C. GROF-S. GROF, *La tormentosa búsqueda del ser,* La Liebre de Marzo, Barcelona 2020, 281.

Ultílogo

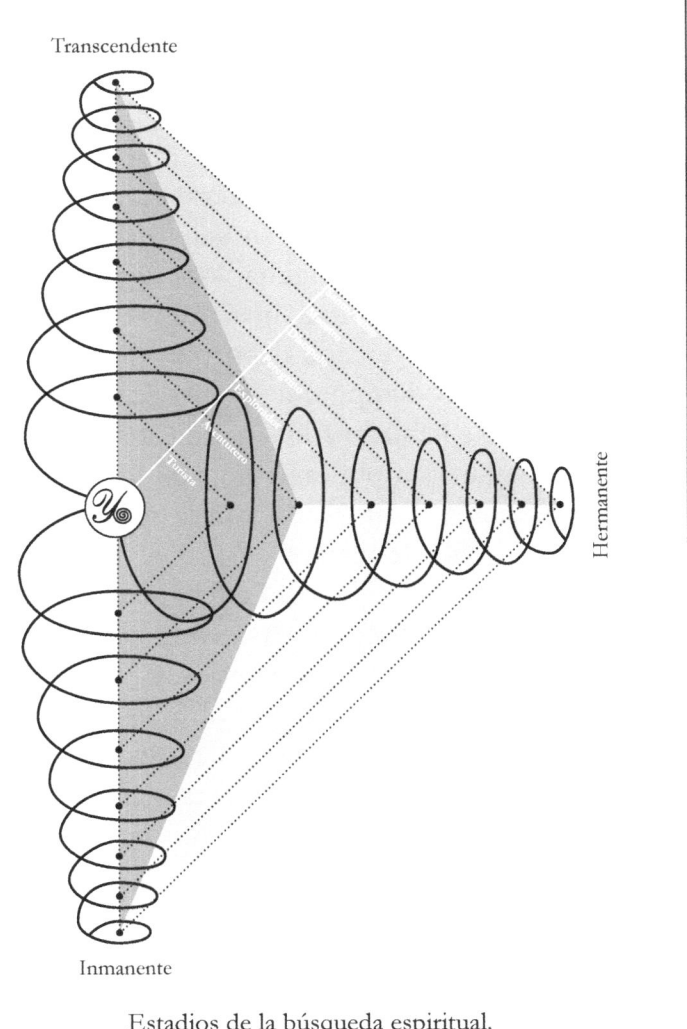

Estadios de la búsqueda espiritual.

Aunque el cuento que precede a estas últimas palabras podría haber sido un buen colofón del libro, pues siento que recoge algo que ya apuntaba al inicio de la obra, he preferido añadir estas últimas letras que expliquen el diagrama que acabas de descubrir justo antes de llegar aquí.

Se dice que «una imagen vale más que mil palabras» y, sin duda alguna, esta que muestro ofrece visualmente una instantánea global y sintética del proceso de desarrollo que aborda este ensayo, al tiempo que incluye algo más de lo que no he hablado a lo largo de la obra, pero que intentaré simplificar aquí. Tal vez, en un futuro, pueda desarrollarlo con la profundidad y el esmero que se merece.

De igual modo que para referirnos al Misterio *(Mysterium Trinitatis,* en la cosmovisión cristiana) hablamos de su dimensión trascendente e inmanente, para abordar el camino o el viaje interior, ese ascenso por la escala psicoespiritual de búsqueda y desarrollo radicalmente transformador, también podemos referirnos a dicho camino en estos términos.

En la medida en que observamos el viaje en su dimensión trascendente o, lo que es lo mismo, como ascenso, nos desplazamos hacia la altura; camino que tiene que ver con el desapego, con la capacidad de soltar para ascender y que el

Ser se diga en el ser. Si, por otro lado, observamos la travesía en su dimensión inmanente, es decir, como un camino que lleva a la profundidad de uno mismo, a un autoconocimiento, y donde se va logrando la apertura de conciencia, entonces el viaje conduce a una mayor lucidez que posibilita el ir descubriendo nuestro ser verdadero como reflejo del Ser.

Pero hay una línea más, que hemos situado en la horizontalidad, que tiene que ver justamente con el desarrollo de lo que he llamado lo *hermanente,* es decir, esa cualidad que nos va abriendo progresivamente a la realidad del otro —ya sean los otros o la misma naturaleza— y que conlleva una mayor sensibilidad y una mayor acogida. La «hermanencia» sería, en este caso, esa presencia del Misterio que permite reconocerlo en la alteridad, en eso tan próximo que nos hermana como es la naturaleza de todo o, dicho en otros términos, su presencia a través de la encarnación —diríamos en términos cristianos—, como el Cristo Cósmico.

Los vértices de estas tres líneas, que son distintas según cómo se mire el proceso, pero que apuntan a lo mismo teniendo además cada una su correspondencia en las otras, nos sitúan en la etapa que hemos denominado *santo-sabio.* Etapa que, según la entiendo, sería el máximo en el proceso de transformación de la escala espiritual de la búsqueda. Estos vértices, a su vez, formarían una especie de triángulo que sería la base de una pirámide triangular cuya cúspide podría tener que ver con la conciencia de unidad o, como también he querido llamarlo, el desarrollo en la persona de su dimensión *humanente,* es decir, la integración experiencial de su dimensión trascendente, inmanente y «hermanente». La «humanencia», por tanto, sería la manera de poder referirnos a esa cualidad de lo humano que apunta a su realización y, por tanto, a su plenitud, esto es, la realización última de la *théosis.*

Entiendo que estos neologismos pueden despertar extrañezas o, incluso, suspicacias y que tal vez aparezcan como una manera de tensionar lo que se ha explicado de otros modos más fáciles de comprender. En cualquier caso, la pretensión última es salir de la dualidad trascendencia/inmanencia para hablar de Dios, cuando de Él se dice en el ámbito cristiano que es trino: Padre, Hijo y Espíritu. Tal vez la «hermanencia» sea un buen modo de rescatar la presencia evolutiva del Espíritu en todos y en todo, que nos acerca, aproxima y hermana. Quizá así quede la puerta abierta a una dimensión menos dual que apunte a una no-dualidad que está por desarrollar en el ámbito cristiano.

Pero estos términos no eran, en última instancia, para hablar de Dios, sino más bien para comprender el viaje interior desde una nueva perspectiva incluyente e integradora que va más allá de una mera línea de desarrollo, pues posee su reflejo en las otras. Quiero decir con esto que no existe una experiencia verdadera de Dios –trascendente– que no lleve consigo asociado un mayor conocimiento de uno mismo –inmanente– y que no se aproxime a la realidad desde esa hondura y lucidez o, si se prefiere, alguien que se ocupa de los problemas del mundo debe tener una experiencia de Dios –de la Vida, espiritual si se quiere– y buena conciencia de quién es. En definitiva, lo que deseo señalar es que cualquier apertura, cualquier desarrollo logrado, posee su equilibrio y estabilidad cuando no solo se abre a una de las líneas, sino que también tiene su reflejo en las otras.

Dios es el gran espejo en el que nos miramos sin saberlo. Su reflejo en nosotros es nuestra realización. A mayor nitidez de imagen, mayor será la transparencia que de Él ofrezcamos. La «humanencia» apunta en esta dirección.

Deseo, de todo corazón, que estas letras inspiren tu camino, lo alienten y lo hagan profundizar tanto como te lo permita el reconocimiento del deseo-raíz que albergas.

Índice

«Estamos ante muy bellas páginas que describen un recorrido ascendente lleno de preguntas que se responden por sí mismas a medida que uno mismo asciende».

JAVIER MELLONI,
autor de *Perspectivas del Absoluto*

«Esta pequeña joya literaria nos pasea lúcidamente por los varios arquetipos que delinean el camino de la búsqueda espiritual. Con esa insólita mezcla de sencillez y profundidad de la cual solo gozan los que han recorrido tal sendero por largo tiempo, Chamorro expone claramente las etapas fundamentales de la búsqueda espiritual mientras que gradualmente nos introduce a una visión integral de la misma —una visión que afirma la hermandad con los demás y el mundo como frutos necesarios de nuestra apertura a ese Misterio inmanente y trascendente, del cual todo procede—. Una lectura imprescindible no solo para cualquier indagador espiritual, sino también para los que ya han ido encontrando perlas en el camino».

JORGE N. FERRER, PH. D.,
autor de *Espiritualidad creativa.
Una visión participativa de lo transpersonal*

«Con sus intuiciones, preñadas de una sabiduría tan antigua como nueva, Chamorro consigue conducirnos, discreta pero rotundamente, al núcleo de la cuestión: la identidad humana.

Aumentan los ensayos sobre espiritualidad, pues nuestros tiempos la demandan; por su claridad expositiva y por su capacidad de síntesis, este libro marca la diferencia».

PABLO D'ORS,
autor de *Biografía del silencio*

«En esta obra esencial, amante del número siete, Jose Chamorro traza el camino espiritual como un habitar paulatinamente siete arquetipos en movimiento, que van desde el turista al santo. El escritor y profesor plantea numerosas preguntas al lector, invitándolo a profundizar en su propia búsqueda. La obra une magistralmente la imagen de la escala espiritual con la de los reinos concéntricos, tan presentes en las distintas tradiciones, guiándonos hacia una experiencia de *sinceración* y apertura, de plenitud y presencia».

MARDÍA HERRERO,
autora de *Amarás*

«Si no nos hacemos preguntas, ¿cómo trazaremos nuestro rumbo en la vida?

Esto es a lo que nos llama Jose Chamorro en su *Elogio espiritual de la búsqueda,* a formularnos las preguntas adecuadas para que no nos pasemos la existencia dando vueltas en círculo en un territorio inexplorado, solo para descubrir en la vejez que estamos de vuelta en la encrucijada desde la cual partimos.

Con un lenguaje cuidado y delicado, el autor nos invita a una reflexión sosegada que nos lleve a iniciar el viaje hacia la serenidad y satisfacción interior que solo los sabios y los santos alcanzan a saborear. *Elogio espiritual de la búsqueda* es un mapa del tesoro para todos aquellos que, por fin, descubrieron que el mundo material que les rodea no les va a dar la plenitud vital que tanto anhelan».

GRIAN,
autor de *El Jardinero*

«El Anhelo es la base de todo lo que nos mueve, nos pone en marcha hacia algo que nos atrae y que no sabemos ni dónde está, ni por dónde se va y apenas sabemos lo que es. Solo sabemos que nos llama y que esa Llamada necesita ser contestada, y sabemos que alcanzarlo significa la Plenitud.

"La Fuente tiene sed de ser bebida", afirmaba Ireneo de Lyon en el siglo II. Es la fuente la que produce en nosotros la sed, la sed es lo que define nuestra búsqueda espiritual. La búsqueda comienza siempre con una llamada y es la respuesta a esa llamada la que marca nuestro camino. El autor invita en este ensayo a atender ese anhelo/sed/llamada para que cada uno pueda responder transitando su propio camino».

MARÍA TOSCANO,
autora de *Dionisio Areopagita, la tiniebla es luz*